Willem Cornelis van Dam

Tote sterben nicht

W0070843

PAUL PATTLOCH VERLAG · ASCHAFFENBURG

Originaltitel: Doden sterven niet
ins Deutsche übertragen von E. van Dam. Peters

1980

© Uitgeversmaatschappij J. H. Kok B. V., Kampen, Holland
© Alle deutschen Rechte bei Paul Pattloch Verlag, Aschaffenburg
Umschlagentwurf: Hans Numberger
Gesamtherstellung: Brönner & Daentler KG, Eichstätt
ISBN 3 557 91175 6

INHALTSVERZEICHNIS

VORWORT

1978 starb plötzlich mein Vater. Während er wahrschein-
lich bereits ohne Bewußtsein war, sagte er zweimal: »Jesus
Christus«. War das ein Hilferuf? Oder hatte er eine Begegnung mit dem Herrn seines Lebens? So waren auch die
letzten Worte einer meiner Großeltern: »Ja, Jesus, ich
komme!« Die Frage, was Menschen auf der Grenze zwischen Leben und Tod erfahren, hat mich seitdem mehr
denn je beschäftigt. Das ist auch der Hauptgrund zum
Schreiben dieses Buches.
Es gibt aber noch einen weiteren Anlaß. In den letzten
Jahren ist es stets mehr und besser möglich geworden,
Menschen, bei denen der Herzschlag und der Blutkreislauf
zum Stillstand gekommen waren, doch wieder zum Leben
zurückzubringen. Sagte man früher, wenn der Tod zur
Sprache kam, »es ist noch niemand zurückgekehrt«, so
leben heute viele Tausende, die wohl zurückgekehrt sind.
Viele haben von dem berichtet, was sie in den Minuten,
in denen sie »klinisch tot« waren, mitgemacht haben. Zu
denen, die die Erfahrungen solcher Menschen aufgezeichnet
haben, gehören der amerikanische Arzt Moody und der
deutsche Krankenhauspfarrer Hampe. Vor allem in Amerika erscheint ein Strom von Büchern auf diesem Gebiet.

Das Thema ist offensichtlich aktuell. Das Tabu des Todes ist gebrochen.

Hat es Sinn, zu dem, was bereits auf diesem Gebiet erschienen ist, ein neues Buch hinzuzufügen? Nach einigem Zögern bejahe ich diese Frage, und zwar aus zwei Gründen. An erster Stelle: die meisten Autoren beschäftigen sich nur mit einem Ausschnitt der Frage. Einige, vor allem aus der vorigen Generation, geben Sterbebett-Erfahrungen wieder. Andere, vor allem aus dieser Zeit, berichten über Erfahrungen von Menschen, die klinisch tot waren. Eine dritte Gruppe teilt mit, was visionäre Menschen vom Leben auf der anderen Seite des Todes geschaut haben. Wir wollen alle diese drei Erfahrungen behandeln und hierbei untersuchen, ob die Aussagen Sterbender, ins Leben Zurückgekehrter und Visionärer übereinstimmen oder nicht. An zweiter Stelle: wir wollen nicht nur untersuchen, ob die Erfahrungen dieser drei Gruppen kritischen Fragen, die von wissenschaftlicher Seite gestellt werden können, standzuhalten vermögen, sondern vor allem auch, wie sie dem Zeugnis der Bibel gegenüberstehen. Wird das biblische Zeugnis über das Leben nach dem Tode durch das Material, das wir in den ersten drei Kapiteln dieses Buches vorlegen, bestätigt, ergänzt oder widerlegt?

Bei unserer Untersuchung haben wir keinen Gebrauch von Zeugnissen aus der Welt des Okkultismus im allgemeinen wie aus der Welt des Spiritismus im besonderen gemacht. So wie in meinem früheren Buch »Okkultismus und Christlicher Glaube« (herausgegeben im Fix-Verlag, Schorndorf) dargelegt, halten wir die Informationsquelle, die hinter den paranormalen Symptomen liegt, dermaßen verdächtig, daß, wie subjektiv aufrichtig paranormal Begabte auch sein mögen, wir das Material, das aus spiritistischen Séancen und dem Austreten der Seele aus dem Körper stammt, als unzuverlässig ansehen.

Bereits bei unserer Geburt steht fest, daß wir einmal sterben werden. Weil dieser Gedanke viele Menschen ängstigt, ist er lange als Tabu verdrängt worden. Nun tritt bei vielen anstelle der Verdrängung die Neugierde. Bücher über Sterbenserfahrungen werden wie Sensationslektüre gelesen. Daher mein Zögern, wie am Anfang bereits gesagt, auch darüber zu schreiben. Wer darüber schreibt, muß sich vor einem sensationellen Stil hüten. Der Tod ist eine ernste Sache und dazu gehört bei aller Betroffenheit eine einfache, nüchterne Sprache. Aber für den, der glaubt, daß der Tod keine Mauer ist, sondern eine Pforte, keine Endstation, an der man aus-, sondern eine Haltestelle, an der man umsteigt, hat der Tod vieles von seinem Schrecken verloren. Wenn darum mit dem Ernst auch die Freude in diesem Buch durchklingt, ist der Ton getroffen, den der Autor finden wollte.

1. AN DER GRENZE

Unzählig viele Menschen werden merkwürdige Dinge gesehen haben, die sich rund um Sterbende abspielten; noch mehr werden darüber gehört haben. Viele sind gestorben, während sie ihre Hände verlangend ausstreckten mit einem freudigen Glanz auf ihrem Gesicht, mit einem überraschten Ausruf oder mit einer kurzen Beschreibung dessen, was sie auf der Grenze zwischen Leben und Tod wahrnehmen durften. Von anderen wird berichtet, daß ihr Ende voller Angst und Verzweiflung war. Bereits im vorigen Jahrhundert erschienen Sammlungen derartiger Erfahrungen. Der dänische Theologe Martensen-Larsen schrieb nach dem Ersten Weltkrieg ein Buch über Sterbenserfahrungen. In unserer Zeit hielten die Amerikaner Osis und Haraldsson eine Umfrage unter Ärzten und Krankenschwestern und sammelten so Material über 1644 Sterbefälle. Sie stellten fest: »Die meisten sagen, Erscheinungen zu sehen und sprechen mit denen, die kommen, um sie abzuholen, bereits früher gestorbene Verwandte und Freunde.« Gleichzeitig fand eine andere Untersuchung über Sterbenserfahrungen innerhalb eines ganz anderen Kulturkreises statt, nämlich in Indien. Die Resultate dieser Untersuchungen waren teilweise dieselben, nur gaben dort mehr Sterbende den Eindruck wieder, mit Gewalt und gegen ihren Willen weggeschleppt zu werden.

Wir teilen die Sterbebett-Erfahrungen, die wir wiedergeben werden, in drei Kategorien ein. Tatsächlich gibt es letzte Worte, die auf ein Schauen früher verstorbener Personen, aber auch von Engeln und Jesus selbst hinweisen. Dann gibt es Berichte über Hören von Musik und Sehen eines Landes oder einer Stadt voller Licht. Zum Schluß müssen wir auch noch auf die hören, die kurz vor ihrem Verscheiden voller Entsetzen über eine schreckliche Wirklichkeit sprachen, die auf sie zukam. Wir werden jedem Beispiel (B.) eine Nummer geben (auch im zweiten Kapitel), so daß wir später leicht auf einige zurückverweisen können.

A. Das Schauen von Gestalten

1. Verwandte und Freunde

Aus der großen Anzahl von Berichten wählen wir einige aus.

B. 1. Der sterbende kanadische Schriftsteller Albert Cliff sah einen Text an der Wand hängen: »Ich weiß, daß mein Erlöser lebt.« »Ja, das weiß ich«, sagte er, »und sie sind alle hier um mich herum: Mutter, Vater, Brüder und Schwestern.«

B. 2. 1964 starb die Amerikanerin Eleanor Herrick an Krebs. Die Frau, die im Bett neben ihr lag, fragte Eleanors Tochter: »Wer ist doch Margret? Deine Mutter hat den ganzen Morgen über sie gesprochen.« Margret war die bereits vor Jahren verstorbene Schwester. Die letzten Worte der Sterbenden an ihre Tochter waren: »Oh, es ist hier so sonderbar. Ich bin halbwegs zwischen zwei Welten. Vater und Mutter sind hier, und ich kann sie sehen, dich aber kann ich nicht mehr sehen.«

Oft kommt es vor, daß Sterbende Menschen identifizieren, die sie während ihres Lebens nie gekannt haben.

B. 3. Osis und Haraldsson berichten über ein Kind, das seine Mutter sah, die es mitnehmen wollte. Das Kind hatte seine Mutter, die bei seiner Geburt gestorben war, nie gesehen.

B. 4. Ein anderes Kind sagte sterbend: »Ach, bist du es, Oma?« Oma war aber bereits vor der Geburt des Kindes gestorben.

Noch auffälliger sind die Fälle, in denen Sterbenden Gestalten begegnen, von denen sie nicht wissen, daß sie gestorben sind. Hiervon geben wir drei Beispiele.

B. 5. Die sterbende Eleanor Smith sagte ihrer Schwester: »Natalie, es sind so viele von ihnen. Fred ist da. Und Ruth — was macht sie hier?« Ruth war eine Nichte, die eine Woche vorher plötzlich gestorben war. Eleanor war aber von Ruths Sterben nicht in Kenntnis gesetzt worden.

B. 6. Pfarrer Sandborn besuchte eine schwerkranke junge Frau. Diese sah, wie ein Tor geöffnet wurde und rief aus: »Da, da, sie kommen, und ich werde jetzt gehen.« Dann, mit enttäuschtem Blick: »Sie haben kleine Mammi vor mir hineingelassen. Aber sie kommen meinetwegen schnell zurück.« Einige Augenblicke später rief sie: »Das Tor geht wieder auf, nun werde ich eintreten.« Aber wieder enttäuscht: »Sie lassen Großvater vor mir hinein. Aber sie kommen bald zurück, für mich.« Kurz darauf starb die junge Frau. Pfarrer Sandborn fragte die Familie, wer kleine Mammi sei. Sie war ein früheres Nachbarskind, das man bereits lange aus den Augen verloren hatte. Und »Großvater« war ein alter Freund der jungen Frau gewesen, der bereits vor Jahren verzogen war. Pfarrer Sandborn stellte Nachforschungen bei der amerikanischen Post nach beiden Menschen an und bekam Nachricht, daß beide am 16. September gestorben waren. Es war genau die Zeit, in der die junge Frau sie gesehen hatte.

B.7. Martensen-Larsen berichtet über eine Frau, die auf ihrem Sterbebett ausrief: »Mine, und mit einem kleinen Kind auf ihrem Arm!« Mine war ihre Schwester. Sie wußte nicht, daß diese kurz zuvor mit ihrem Baby im Wochenbett gestorben war.

Zum Schluß noch ein Zeugnis darüber, wie früher Verstorbene gesehen werden.

B.8. Daisy Dryden, ein Mädchen von zehn Jahren, wußte, daß ihr sieben Monate eher gestorbenes Brüderchen sie holen kam. Sie sieht auch andere verstorbene Familienmitglieder. Kinder scheinen gewachsen zu sein. Niemand hat mehr die Gebrechen, die er auf Erden hatte. »Niemand kann diese Dinge sehen«, sagte Daisy, »es sei denn, er hat sterbende Augen.«

2. Engel

Viele Sterbende sehen Lichtgestalten, die sie nicht für früher Verstorbene halten, sondern für Engel, geistige Wesen, die in Gottes Dienst stehen. Wieder kommen die Berichte aus verschiedenen Zeiten und Völkern.

B.9. Die letzten Worte der Frau des Berner Pfarrers Bernard waren: »Ich sehe zwei Engel, die mich holen kommen.«

B.10. Eine jung verstorbene Nichte eines meiner Bekannten lobte Gott und sagte: »Oh, ich kann die Engel hier im Zimmer sehen. Könnt ihr sie nicht sehen?«

B.11. Der englische Methodistenprediger John Oxtoby sagte auf seinem Sterbebett zu seiner Schwester: »Oh, was habe ich geschaut! Ich kann es unmöglich beschreiben! Drei leuchtende Gestalten waren neben mir. Ihre Kleider waren so strahlend; sie sahen so herrlich aus! Ich habe noch nie etwas Vergleichbares gesehen!«

B. 12. Der Amerikaner Clement Brown sagte zu seiner Frau: »Ich sehe einen, zwei, drei, vier, fünf Engel, genau so deutlich, wie ich dich sehe. Ich wünschte, du könntest sie sehen; sie sind prächtig in Weiß gekleidet. Sie winken mir, und Jesus bittet mich zu kommen.«

B. 13. Vor einigen Jahren war der Missionar Paul Ladrus mit einem Negerjungen auf der Elefantenjagd. Ein Elefant griff den Jungen an und verwundete ihn tödlich. Dieser Junge, noch nicht lange Christ, beschrieb die Engel und sprach sterbend über die himmlische Musik, die er hörte.

Ab und zu kommt es vor, daß Menschen sowohl Verstorbene als auch Engel um sich herum sehen.

B. 14. William Booth, der Gründer der Heilsarmee, sagte, daß er viele Engel und Heilige (verstorbene Gläubige) um sich herum sah. Unter den letzteren befand sich ein Freund von ihm, der vor Jahren gestorben war.

B. 15. Ein junger Mann, Harvey White, sagte lächelnd zu seiner Mutter: »Da ist Mary. Siehst du sie nicht? Sie steht am Fußende. Sie sieht wunderschön aus. Sie ist hier; zwei Engel sind bei ihr. Sie sind für mich gekommen.« Mary war Harveys Schwester, die im Alter von vier Jahren gestorben war.

B. 16. Ein Mädchen, Minnie Chatham, 12 Jahre alt und sterbend, sah Engel und Kinder. »Die Engel sind für mich gekommen. Sie stehen an der Tür und warten auf mich. Sieh die kleinen Kinder! Oh, Mutter, ich muß gehen.«

Vereinzelt geschieht es, daß auch Anwesende einen Engel oder einen Engel mit Verstorbenen wahrnehmen.

B. 17. Martensen-Larsen kennt eine Krankenschwester, die sah, daß sich ein früher verstorbenes Kind an der Hand eines Engels sich seiner sterbenden Mutter näherte.

3. Jesus

Wiederholt sagen Sterbende, jemanden zu sehen, den sie ohne Zögern als Jesus identifizieren. Auch diese Zeugnisse sind weder an Zeit noch an einen Ort gebunden. Wir geben eine Anzahl von ihnen wieder.

B. 18. 1683 wurde ein gewisser M. Homel von einem Wagen überfahren. Seine letzten Worte waren: »Ich sehe den Himmel offen und Jesus mit ausgebreiteten Armen.«

B. 19. Der irische Methodistenprediger Thomas Walsh starb bereits mit 27 Jahren. Seine letzten Worte waren: »Er ist gekommen, Er ist gekommen; mein Geliebter ist mein, und ich bin sein für ewig.«

B. 20. Das arabische Mädchen Naglie aus Jerusalem sagte kurz vor seinem Tod: »Es ist Jesus, Vater, der gekommen ist, um mich zu holen. Er steht am Fußende meines Bettes. Er ruft mich nach Hause.«

B. 21. Die neunzehnjährige Amerikanerin Filura Clark war während einer Evangelisation zum Glauben gekommen und sagte auf ihrem Sterbebett zu ihrer weinenden Familie: »Jesus ist bei mir. Ich brauche nicht allein zu gehen.« Sie schaute nach oben und sagte: »Komm, ich bin bereit.« Ihre Sterbensgeschichte brachte viele Altersgenossen zum Glauben.

In vereinzelten Fällen wird Jesus zusammen mit einem Engel und früher Verstorbenen gesehen.

B. 22. Der englische Methodistenpfarrer William Kendall rief kurz vor seinem Tod: »Der Himmel ist auf die Erde gekommen. Ich sehe die Engel; sie fliegen durch das Haus.« Nach einem kurzen Schlaf sagte er: »Ich habe den König in seiner Schönheit gesehen, den König der Ehre. Ich habe in seinem Palast geschlafen.«

B. 23. Eine Dänin sagte kurz vor ihrem Verscheiden: »Ich sah Mutter. Sie saß an der Seite des Heilands und streckte ihre Arme nach mir aus.«

B. 8a. Daisy Dryden sah vor ihrem Tode nicht nur verstorbene Familienmitglieder, sondern auch Jesus selbst, der ihr sagte, daß er sie zum Himmel mitnehmen würde.

B. 24. Der weltbekannte Evangelist Billy Graham erzählt in seinem Buch über Engel vom Sterbebett seiner Großmutter. »Das Zimmer schien für einen Augenblick mit einem himmlischen Licht erfüllt zu sein. Sie setzte sich aufrecht ins Bett und sagte, fast laut: ›Ich sehe Jesus, er streckt seine Arme nach mir aus. Ich sehe Ben (ihr Mann, der einige Jahre zuvor gestorben war) und ich sehe Engel.‹«

B. 25. Ein Missionar in China, Pfarrer Talbot, stand am Sterbebett einer chinesischen Christin. Plötzlich war das Zimmer voll himmlischer Musik. Die Sterbende sah strahlend auf und rief aus: »Ich sehe Jesus, stehend an der rechten Hand Gottes, und Margaret (ein Töchterchen Talbots, das einige Monate vorher gestorben war) ist bei Ihm!«

B. Das Schauen von Herrlichkeit

Wir hörten einige bereits über Musik und über ein Tor sprechen. Man bekommt den Eindruck, daß manche Sterbende hinter den Gestalten, die sie wahrnehmen, auch etwas sehen, das auf einen Ort, zu dem man geht, hinweist, auf eine neue Dimension, die man betritt. Auch andere haben manchmal Geräusche und Musik vernommen.

B. 26. Als der bekannte deutsche Pfarrer August Hermann Francke 1727 starb, hörte er eine wunderschöne Musik. Auch die anwesenden Familienmitglieder hörten sie.

B. 27. Im vorigen Jahrhundert starb die Amerikanerin Sophia Rubeti. Ihre letzten Worte waren: »Ich höre eine phantastische Musik. Oh, sie ist herrlich! Hört, ich vermute, daß ihr sie auch hören könnt. Jesus kommt, sie kommen, helft mir hoch!«

B. 28. In Brasilien starb der Missionar David Appleby. Kurz vor seinem Tod rief er: »Sie rufen, sie rufen dort im Himmel!«

Ab und zu wird auch berichtet, daß Sterbende von der Grenze zwischen Leben und Tod aus einen Blick auf das Land an der anderen Seite werfen dürfen. Viele von ihnen sprechen über die Schönheit und Lieblichkeit dessen, was sie »den Himmel« nennen. Einer der bekanntesten ist Thomas Edison. Er flüsterte seinem Arzt zu: »Es ist herrlich dort.« »Es ist prächtig«, waren die letzten Worte der Dichterin Elisabeth Browning. Aber nur wenige waren in der Lage, inhaltlich etwas von dem mitzuteilen, was sie sahen. Dann sprachen sie stets über eine Stadt mit Toren.

B. 29. Lilian Lee, ein Mädchen von 10 Jahren, sagte ihrem Vater: »Oh, Papa, welch ein schöner Anblick! Die goldenen Tore sind geöffnet und eine Menge Kinder strömt nach draußen.« Etwas später rief sie aus: »Sie rannten auf mich zu und küßten mich und gaben mir einen neuen Namen. Ich kann mich nicht an ihn erinnern.« Ihre letzten Worte waren: »Ja, ich komme, ich komme.«

B. 30. Ein dänischer Professor sagte sterbend: »Aus der Himmelspforte kommt eine große Schar in Weiß gekleidet, alle sind reingewaschen.«

B. 31. Ein bekannter Methodist, Dr. Wakeley, sah etwas Ähnliches: »Genau wie Bunyan sehe ich eine große Schar in weißen Gewändern, und ich verlange danach, bei ihnen zu sein. Lauscht, hört ihr das Lied nicht? Es ist große Freude im Himmel! Öffnet euch, ihr goldenen Tore und laßt meinen Wagen hindurch!«

B. 32. Frau Jang, eine einfache Chinesin, starb eineinhalb Jahre nach ihrer Bekehrung. Auf ihrem Sterbebett berichtete sie: »Der Herr kam ins Zimmer, nahm mich an die Hand und sagte: ›Komm mit mir.‹ Kurz darauf standen wir vor einem Tor aus Perlen. Es war die Himmelspforte. Engel öffneten sie, und wir gingen hinein. Ich sah viele schöne Häuser in prächtigen Farben. Ich sah Tausende von Engeln in einem großen Kreis, singend und herrliche Musik machend. In der Mitte stand der glorreiche Thron; der himmlische Vater saß darauf. Als ich Ihn sah, fürchtete ich mich; ich wagte es kaum, meine Augen zu erheben. Er sagte: ›Du darfst noch eben zurück, aber am 12. mußt du hierher zurückkommen.‹« Frau Jangs Zeugnis brachte Hunderte der Dorfbewohner zum Glauben. Tatsächlich starb sie am 12. des nächsten Monats.

Vielleicht paßt diese Geschichte besser in das folgende Kapitel. Normal erleben Sterbende nicht so viel. Sie sehen von der Grenze aus.

B. 33. Eine andere Chinesin, eine sogenannte Bibelfrau — also eine Laien-Evangelistin —, sagte vor ihrem Verscheiden: »Ich sehe den Himmel geöffnet und meinen Erlöser mit vielen Engeln.« Als man sie fragte, wieviele es seien, antwortete sie: »Unzählige, und sie singen.«

In diesen letzten Zitaten ist das Schauen von Gestalten und von Herrlichkeit miteinander verbunden. Wir geben noch einige Sterbebett-Erfahrungen, wo diese Kombination vorkommt, ausführlicher wieder.

B. 34. Augustus M. Toplady, ein Dichter bekannter Kirchenlieder, starb 1778, achtunddreißig Jahre alt. Eine Stunde vor seinem Tode wachte er nach einem kurzen Schlaf auf. »Oh, wie herrlich«, rief er aus. »Wer kann die Freuden des dritten Himmels ermessen? Welch strahlender Sonnenschein umgibt mich! Mir fehlen die Worte, dies zu beschreiben. Ich weiß, daß es nicht mehr lange dauern kann, bis mich mein Heiland holt ... alles ist hell, hell, das Strahlen seiner eigenen Glorie. Oh, komm Herr Jesus, komm schnell!«

B. 35. Der Pfarrer der jungen Frau Carrie Carmen berichtete über ihr Sterben. Er sah, wie sie plötzlich nach oben

schaute und ausrief: »Prächtig, prächtig!« Jemand fragte:
»Was ist so prächtig?« »Oh, sie sind so schön!« »Was siehst
du denn?« »Engel, sie sind so schön!« »Haben sie
Flügel?« »Ja, lausche, sie singen so schön, wie ich noch
niemals vorher gehört habe!« »Siehst du Christus?«
»Nein, aber ich sehe die Heilige Stadt. Sie ist so schön,
ich kann dir nicht sagen, wie glänzend sie ist!« Sie schloß
ihre Augen und ruhte einen Augenblick. Dann schaute sie
strahlend auf und sagte: »Ich sehe Christus und oh, wie
schön ist Er!« Ihr Ehemann fragte: »Wie sieht er aus?«
Sie: »Ich kann es dir nicht sagen, aber Er ist viel schöner
als all die anderen«, und wieder sagte sie: »Ich sehe die
Heilige Stadt«, und nach einigem Starren in die Ferne sagte
sie: »So viele!« »Was siehst du, wovon gibt es so viele?«
»Menschen, mehr als ich zählen kann.« »Wen?« »Onkel
George und noch viele andere, sie rufen mich und winken
mir zu!« »Gibt es einen Fluß?« »Nein, ich sehe keinen.«
Dann öffnete sie ihre Augen und sagte: »Trage mich von
diesem Bett.« Ihr Mann sagte: »Sie will von ihrem Bett
herunter.« Aber ihr Vater sagte: »Sie spricht mit den
Engeln.« Als er sie fragte, ob es so sei, bestätigte sie das.
Sie dankte dem Arzt für seine gute Versorgung und bat
ihn, sie im Himmel wiederzutreffen. Sie schloß ihre Augen
und schien schnell wegzusinken. Ihr Mann küßte sie und
fragte: »Carrie, kannst du mich küssen?« Sie öffnete ihre
Augen wieder, küßte ihn und sagte: »Ja, ich kann zurück-
kommen, um dich zu küssen; ich war beinahe drüben.«
Einige Augenblicke später starb sie.
B. 36. Der berühmte Evangelist Moody starb 1899. Früh
morgens am 22. Dezember sagte er beim Erwachen: »Die
Erde zieht sich zurück. Der Himmel öffnet sich vor mir.«
Sein Sohn dachte, daß er das in seinem Schlaf sagte, aber
Moody sprach: »Nein, dies ist kein Traum. Es ist herrlich!
Wenn dies der Tod ist, dann ist er lieblich. Hier gibt es kein
tiefes Tal. Gott ruft mich, und ich muß gehen.« Die Familie

und der Arzt wurden ins Schlafzimmer gerufen. Moody gab ihnen seine letzten Anordnungen und bestimmte, wer welche Aufgabe fortsetzen sollte. Dann war es, als ob er durch einen Schleier hindurchsah: »Dwight, Irene! Ich sehe die Gesichter der Kinder.« (Es waren zwei Enkel, die ein Jahr zuvor gestorben waren.) Nach einer halbstündigen Bewußtlosigkeit kam er wieder zu sich: »Keine Schmerzen, kein Tal! Wenn dies der Tod ist, dann ist es gar nicht schlimm, es ist lieblich!« Etwas später, auf seinem Ellenbogen gestützt, richtete er sich auf und rief: »Das ist eigenartig! Ich bin durch die Todespforte hindurch und innerhalb der Tore des Himmels gewesen und nun bin ich wieder hier! Es ist sehr eigenartig!« Er blieb noch eine Zeitlang bei Bewußtsein und sprach klar mit seiner Familie, bis er schließlich friedlich einschlief.

C. Negative Erfahrungen

Nicht alle Sterbebett-Erfahrungen sind so positiv wie die bisher angeführten. Von vielen wird erzählt, daß sie auf der Grenze zwischen Leben und Tod mit einer schrecklichen Wirklichkeit konfrontiert wurden. Ihre Augen standen voller Angst und Schrecken. Oft blieb dieser Gesichtsausdruck auch noch nach dem Tod. Häufig gibt es einen letzten, ängstlichen Ausruf. Von einer Anzahl bekannter Persönlichkeiten sind diese Ausrufe notiert.

B. 37. König Karl IX., 1574 gestorben: »Ich bin verloren, ich sehe es!«

B. 38. Sir Thomas Scott, 1621 gestorben: »Ich glaubte, weder Gott noch Hölle würden existieren. Nun weiß und fühle ich, daß beide bestehen, und daß ich durch ein gerechtes Urteil zum Untergang verdammt bin.«

B. 39. Der Philosoph Thomas Hobbes, 1679 gestorben: »Ich stehe auf dem Punkt, ins Dunkel zu springen.«

B. 40. Edward Gibbon: »Alles ist jetzt verloren, alles ist dunkel.«

Von einer Anzahl, die einen schrecklichen Tod hatten, ist bekannt, daß sie von ihrem Glauben abgefallen waren oder hartnäckigen Widerstand dagegen geleistet hatten.

B. 41. Talleyrand, 1838 gestorben, zu seinem König: »Sire, ich leide die Qual der Verdammten.«

Verschiedene Seelsorger stellen immer wieder fest, daß Menschen, die sich mit okkulten Praktiken abgegeben haben, ein elendiges Sterbebett haben. Dr. Kurt Koch gibt in seinen Büchern des öfteren Beispiele darüber.

B. 42. Ein magischer Besprecher starb unter Fluchen. Ein durchdringender Gestank erfüllte das Zimmer.

B. 43. Ein Kirchenältester (Presbyter), der mit dem sogenannten 6. und 7. Buch Mose Magie betrieben hatte, starb ebenfalls unter Fluchen.

B. 44. William Pope, ein englischer Ex-Methodist, rief auf seinem Sterbebett aus: »Oh, die brennenden Flammen, die Hölle, die Schmerzen, die ich fühle. Oh, diese Hölle, diese Qual, dieses Feuer in mir. Oh, Ewigkeit, Ewigkeit. Für immer mit Dämonen und verdammten Geistern im Pfuhl des Feuers wohnen zu müssen, das wird mein Los sein, und es ist ein gerechtes Los. Ich will nichts anderes als die Hölle! Komm, Satan, hole mich!«

B. 45. Ein Mädchen, das der Entscheidung für Christus hartnäckigen Widerstand geboten hatte: »Oh, wie entsetzlich, rettet mich, sie ziehen mich nach unten. Verloren, verloren!«

B. 46. Der französische Atheist und Philosoph Voltaire wollte sich auf seinem Sterbebett mit der Kirche versöhnen. Ungläubige Freunde, die das verhindern wollten, wurden von ihm verflucht. Danach legte er die Widerrufung seiner alten Standpunkte schriftlich fest. Aber er blieb gegen Gott und die Menschen wütend. Er rief seinem Arzt zu: »Ich muß sterben, von Gott und den Menschen verlassen.« Als ihm der Arzt erklärte, nichts mehr für ihn tun zu können, rief Voltaire aus: »Dann werde ich zur Hölle fahren und Sie mit mir.« Später sagte seine Krankenschwester, daß sie für alle Reichtümer Europas niemals mehr einen Ungläubigen sterben sehen wollte; so schrecklich war sein Ende.

In einem Besessenheitsfall erzählten Dämonen aus dem Munde des Besessenen, wie sie Voltaire nach seinem Tode empfangen hätten (P. Sutter, Satans Macht und Wirken, Gröbenzell, 7. Druck, 1975, S. 35). Da wir hinsichtlich Äußerungen von Dämonen immer skeptischer geworden sind, werden wir diese weiterhin nicht mehr verzeichnen.

B. 47. Über Stalins Sterbebett haben wir von seiner Tochter Swetlana gehört: »Das Sterben meines Vaters war schrecklich schwer. Der Todeskampf war entsetzlich. In der letzten Minute öffnete er plötzlich seine Augen. Es war ein schrecklicher Blick, halb wahnsinnig, halb zornig. Dann erhob er plötzlich seine linke Hand und zeigte nach oben, wobei er uns alle bedrohte.«

Aus dem Vorhergehenden bekamen wir bereits einen Eindruck von dem Inhalt der negativen Sterbebett-Erfahrungen. Es wird von Hölle, Feuer und Teufel gesprochen. Wir fügen noch einige Aussprachen hinzu, in denen auch andere Bilder wie Mauer und Wasser gebraucht werden.

B. 48. Ein Bandenführer: »Ich gehe zur Hölle, ich bin verloren. So kann ich nicht sterben. Mutter, es ist schrecklich, in die Hölle zu gehen.«

B. 49. Der atheistische Ehemann einer Spiritistin: »Ich sehe eine große, hohe Mauer vor mir emporragen. Jetzt, wo es zu spät ist, entdecke ich, daß es einfacher ist, in die Hölle hinein- als herauszukommen.«

B. 50. Ein Glaubensspötter: »Guck, wie hoch das Wasser steigt. Schnell wird mich der Fluß überspülen. Ich habe nie

22

an eine Hölle geglaubt, aber jetzt glaube ich daran. Oh, wie schrecklich!«

Andere sprechen ebenfalls über einen Teufel oder über »sie«.

B. 50a. Obengenannter Spötter: »Ich sehe den Teufel neben mir auf dem Bett sitzen. An jeder Seite von mir sitzen kleine.«

B. 51. Ein Mädchen, das ein wildes Leben geführt hatte: »Oh, der Teufel kommt, um meine Seele in die Hölle zu ziehen. Ich bin für immer verloren!«

B. 52. Ein Däne, der als Magier bekannt war, sah, daß sich der Teufel ihm näherte: »Guck, da ist er. Er nimmt mich mit! Hilfe!«

Der deutsche Pfarrer Hampe berichtet über ein Forschungsergebnis, aus dem zu ersehen sei, daß nur in 8 von 4200 beobachteten Sterbefällen von einem Todeskampf gesprochen werden könne. Aus einem anderen Untersuchungsergebnis könne geschlossen werden, daß das speziell bei Menschen, die einen Selbstmordversuch unternommen hatten, der Fall war. Martensen-Larsen kam jedoch zu einer anderen Schlußfolgerung: »Es scheint, daß es nicht nur im Vaterhaus viele Wohnungen gibt, sondern auch außerhalb.« Das ist auch der Eindruck, den wir aus dem von uns in diesem Kapitel gesammelten Material bekommen. Im nächsten Kapitel kommen wir darauf zurück.

2. ÜBER DIE GRENZE

So wie wir im Vorwort bereits andeuteten: durch den
Fortschritt der medizinischen Wissenschaft ist es möglich
geworden, mit gewissen Methoden und unter bestimmten
Voraussetzungen Menschen vom Tode zurückzuholen. Man
spricht über Reanimation, Resuszitation, und über Wieder-
belebungstechniken. Man wendet Herzmassagen, Lungen-
maschinen, Mund-auf-Mund-Beatmung und Injektionen
mit z. B. Adrenalin an. Man hat dafür durchschnittlich vier
bis sechs Minuten Zeit. In 11 % der Fälle ist noch bis zu
ungefähr zwanzig Minuten Reanimation möglich. Russi-
sche Gelehrte haben festgestellt, daß bei einem plötzlichen
Tod das Gehirn viel mehr Sauerstoff enthält als es bei
einem langsamen Sterben der Fall ist, und daß es also in
dem ersten Fall länger funktionsfähig ist. Man unterscheidet heutzutage zwei oder drei Arten des Todes: den klinischen Tod, bei dem kein Herzschlag und keine Atmung
mehr da ist, und den absoluten, biologischen, unwiderruf-
lichen Tod, bei dem das Gehirn durch Sauerstoffmangel
nicht mehr funktionieren kann, die Gehirnrinde unheilbar
beschädigt ist und ein Enzephalogramm nur noch eine gerade Linie aufweist. Einige unterscheiden davon den Ge-
webetod: nach ungefähr 72 Stunden werden die Zellen

abgebrochen und entbindet sich das Gewebe, so daß auch das Wachstum der Haare und der Nägel zu Ende geht. Das Laboratorium für experimentelle Physiologie der Reanimation in Moskau gibt folgende Definition für den klinischen Tod: »Der klinische Tod ist ein Stadium, in dem alle äußeren Kennzeichen des Lebens wie Bewußtsein, Reflektionen, Atmung und Herztätigkeit abwesend sind, aber in dem der Organismus noch nicht tot ist und die Stoffwechselprozesse des Gewebes noch weiter ablaufen, wobei es unter gewissen Umständen möglich ist, alle Funktionen wiederherzustellen.«

Das bedeutet also, daß wir heutzutage mehr als früher über Erfahrungen verfügen, die viele in den Minuten ihres klinischen Todes gemacht haben. Standen Sterbende an der Grenze, so scheinen Menschen, die klinisch tot gewesen sind, die Grenze überschritten zu haben. Es ist darum zu erwarten, daß diese letzteren nach ihrer Reanimation mehr über das, was sie erfahren haben, erzählen können, als die, die uns von der Grenze aus noch einige Worte zurufen konnten. Wir werden sehen, daß diese Erwartungen durch Tatsachen bestätigt werden.

Im übrigen sind auch Menschen ins Leben zurückgekehrt, die viel länger als zwanzig Minuten tot waren. Ihre Wiederkehr ins Leben ist dann auch nicht durch medizinisches Eingreifen erfolgt, sondern meistens gab es jemanden, der den Auftrag verspürte, im Namen Jesu den Toten aufzuerwecken. Viele wissen nicht, daß diese Auferweckungen auch nach der biblischen Zeit weiterhin vorgekommen sind. Der Kirchenvater Irenaeus berichtete darüber, ungefähr um das Jahr 200. Sie kommen aber auch heute noch vor. Was medizinisch gesehen unmöglich ist: das Gehirn der vom Tode Auferweckten funktioniert normal und unbeschädigt. Wir geben von diesen Auferweckungen einige Beispiele.

B. 53. Es wird berichtet, daß während der großen Erwekkung in Timor um 1970 acht Tote auferweckt wurden. Pfarrer Ralph Wilkerson aus Anaheim (USA) sprach mit vier von ihnen. Mel Tari war bei einer Totenauferweckung anwesend. In dem Dorf Amfvang war ein Mann bereits zwei Tage tot. Die Leiche stank. Ungefähr tausend Gäste waren zur Beerdigung gekommen. Eine Gruppe Christen betrat in dem Augenblick das Dorf. Sie waren davon überzeugt, daß Christus ihnen den Befehl ins Herz gab: »stellt euch um den Toten und singt. Ich werde ihn auferwecken.« Beim sechsten Lied bewegten sich die Zehen des Mannes. Während des siebten und achten Liedes kam er zu vollem Bewußtsein und schaute lächelnd um sich. Auch der Missionar Reb berichtet von Totenauferweckungen auf den Philippinen und der anglikanische Bischof von Singapur, Chiu, sagt: »Ich habe von Menschen, deren Urteil ich vertrauen, gehört, daß sie Menschen vom Tode zurückkehren sahen.«

B. 54. Unter den Zulus in Südafrika gibt es seit langem eine geistliche Erneuerungsbewegung. In der Klinik des Leiters dieser Bewegung, Erlo Stegen, starb im Alter von einundzwanzig Jahren Lydia Thofozi. Der Pulsschlag hörte auf, der Körper wurde kalt. Stegen und sein Team beteten stundenlang. Danach bewegte sie sich. Die Krankheit, an der sie gelitten hatte, war verschwunden. Viele Zulus kamen durch dieses Ereignis zum Glauben.

B. 55. Der Missionar Lovick berichtet, daß ein einheimischer Pfarrer in Togo Zeuge des Begräbnisses eines siebenjährigen Kindes, des einzigen Sohns einer Witwe, war. Er fühlte sich gedrängt, den Leichenzug anzuhalten. Er befahl, den Leichnam des Jungen auf den Altar der Kirche zu legen und gebot: »Im Namen Jesu, stehe auf.« Der Junge stand direkt auf. Viele in der Umgebung kamen dadurch zum Glauben. Auch ein Missionar von der Elfenbeinküste, Sahli, berichtet von einer dort stattgefundenen Totenauferweckung.

B. 56. Ein Missionar in Südamerika erzählte Pfarrer Buckingham von einer Totenerweckung, die während seines Urlaubs in Anwesenheit des Dorfpfarrers Leonardo stattgefunden hat. Während einer Zusammenkunft, die von drei Gastpredigern geleitet wurde, war ein Mann zu Boden gefallen. Erst hatte man gedacht, ihm sei übel geworden, aber er war tot. Eine Stunde lang versuchte man, ihn ins Leben zurückzubringen, aber sein Körper war bereits kalt und fing an, steif zu werden. Danach hatten die Gäste mit Erlaubnis des Pfarrers Leonardo dem Toten die Hände aufgelegt. Auf ihr Gebet hin hatte sich der Mann langsam aufgerichtet. Während die Anwesenden den Herrn dafür lobten, war der Heilige Geist mit soviel Kraft auf sie gefallen, daß sich das Gebäude bewegte.

B. 57. In dem mexikanischen Ort Jarretaderes stellte der Arzt den Tod einer alten Großmutter fest. Eine Bekannte ihrer Enkelin, die Amerikanerin Smalley, fühlte sich gedrängt, bei der Verstorbenen zu beten. Sechs Stunden nach dem Tod kam die Großmutter zum Leben. Verschiedene Familienmitglieder wurden von Krankheiten geheilt und viele Dorfbewohner kamen zum Glauben.

Auch in Mittelamerika, in Nicaragua, wurde durch den Missionar Alan Toller ein Mann auferweckt, der bereits zwei Stunden tot gewesen war.

Berichte über Totenauferstehungen kommen auch aus den Vereinigten Staaten.

B. 58. Pfarrer Ralph Wilkerson, der Leiter des christlichen Zentrums Melodyland bei Los Angeles, erzählt in seinem Buch »Ins Jenseits und Zurück« über verschiedene Fälle, an denen er selbst beteiligt war. Sein jüdisch-christlicher Mitarbeiter Michael Esses starb an einem Herzanfall. Der Arzt hatte den Totenschein bereits ausgestellt, als Wilkerson ins Zimmer kam. Wilkerson sprach die Worte Jesu aus Joh 11 zum gestorbenen Lazarus. Esses kam ins Leben zurück.

B. 59. Ein anderes Mal fühlte sich Wilkerson gedrängt, zum Krankenhaus zu gehen, in dem sein Mitarbeiter Marvin Ford gerade an seinem dritten Herzanfall gestorben war. Wilkerson beschwor den Tod im Namen Jesu. Ford erzählte später, wie er fühlte, daß sein Geist in seinen Körper zurückgezogen wurde. Der Monitor neben seinem Bett kam wieder in Bewegung. Ford war länger als eine halbe Stunde tot gewesen. Wilkerson erzählt auch von einem Theologie-Professor, der $4^{1}/_{2}$ Stunden, und von einem dreijährigen Kind, das 17 Stunden tot war. Und auch die Pionierin im Dienst der Heilung, die amerikanische Pfarrersfrau Agnes Sanford, erzählt von Totenauferweckungen. Eine ihrer Freundinnen, eine Negerpfarrerin aus Philadelphia, war zweimal Zeugin davon. Auch ihr eigener Schwiegervater, den man gerufen hatte, um ein sterbendes Kind zu taufen, kam an, als das Baby bereits gestorben war. Er tröpfelte Taufwasser in den Mund des Kindes und betete, daß das Kind zum Leben zurückkehren solle, was auch geschah. Der Kardiologe Dr. Rawlings spricht ebenfalls über eine Totenauferweckung. Ein Pfarrer wurde von Frau D., einem Gemeindemitglied, gebeten, sie zu besuchen. Sie war im letzten Stadium von Krebs. Als der Pfarrer kam, war Frau D. bereits gestorben. Er betete zu Gott, sie zurückkehren zu lassen, damit sie sagen könne, was sie auf ihrem Herzen hatte. Zum Entsetzen der atheistischen Krankenschwester schlug sie ihre Augen auf.

Man kann einwenden, daß es doch möglich sei, daß sich in den obengenannten Fällen die Umstehenden oder selbst die Ärzte geirrt hätten, oder daß es sich hier nur um einen Scheintod oder um ein Koma gehandelt haben könne. Es bleibt dann aber merkwürdig, daß ein Gebet oder ein Befehl im Namen Jesu diesen Zustand durchbrochen hat. Wir wollen hierüber jedoch nicht streiten. Es geht uns hier um eine Erfahrung, die man »jenseits der Grenze« gemacht hat. Es ist bekannt, daß auch Menschen, die sich einige Zeit im Koma befanden, allerlei Erfahrungen gemacht haben, die sie nach ihrer Rückkehr ins Bewußtsein erzählen konnten. Die zwei bekanntesten Fälle sind ziemlich alt. Das Mädchen Marietta Davis war 1848 neun Tage lang tief bewußtlos. Hinterher erzählte sie ihrem Pfarrer, J. L. Scott, und ihrem Arzt ihre Erfahrungen. Pfarrer Scott publizierte diese. Das Buch »Scenes beyond the Grave« hat inzwischen mehr als dreißig Auflagen erreicht. In Koma hörte Marietta (vgl. B. 32), wann sie endgültig sterben würde: im März 1849. So geschah es auch. Um 1900 verlor das Mädchen Rebecca Springer nach wochenlanger Krankheit das Bewußtsein. Tagelang — für ihr Gefühl waren es Jahre — lag sie im Koma. In »Within the Gates« finden wir ihre Erfahrungen aufgezeichnet.

In diesem Kapitel werden wir den Erfahrungen derer nachgehen, die vom klinischen Tod, vom absoluten Tod und aus einem Koma zurückkehrten. Wir werden dabei sehen, ob die Erfahrungen aus diesen drei Kategorien übereinstimmen oder nicht.

A. Das Verlassen des Körpers

Das erste, was viele berichten, ist die Erfahrung, daß sie ihren Körper verlassen, darauf niederschauen und auch sehen, was Ärzte, Krankenhauspersonal oder Familienmitglieder im Sterbezimmer oder im Operationssaal sagen oder tun. Manche sagen, daß sie danach das Zimmer verließen. Andere fühlen sich direkt weit von der Erde entfernt. Wir greifen wieder einige Zeugnisse von vielen heraus.

B. 60. Unter örtlicher Betäubung wurde die Pfarrersfrau Julia Ruopp an ihrer Kehle operiert. Die Ärzte baten sie, zu sprechen und zu singen, damit sie ihre Stimmbänder leichter lokalisieren könnten. Während sie das tat, entdeckte sie plötzlich zu ihrem Erstaunen, daß sie sich von oben liegen sehen konnte und auch die Gruppe Menschen, die rund um den Operationstisch mit ihrem Körper beschäftigt war. Sie hörte eine Schwester erschreckt ausrufen: »Doktor, ihr Puls hört auf zu schlagen.«

Daß derartige Zeugnisse zahlreich sind, stellte auch die bekannte Untersucherin von Sterbevorgängen, Frau Elisabeth Kübler Ross, fest. In einem Interview mit der »Chicago Tribune« (16. 10. 1975) sagte sie: »Die meisten Patienten erzählten, daß sie ein paar Fuß über ihrem Körper schwebten und die Versuche, sie zum Leben zurückzubringen, beobachteten. Sie konnten hinterher genau beschreiben, was geschehen war: Einzelheiten von dem, was gesagt wurde, das Kommen und Gehen der Retter und Augenzeugen.« Auch der Arzt Moody stellte fest, daß viele hören, wie der Arzt den Tod feststellt. Augenscheinlich löst sich etwas vom Körper, ob wir dieses »Etwas« nun Seele, Geist, Bewußtsein oder Person nennen. Dieses »Etwas« kann wahrnehmen, denken, fühlen und trägt somit die Kennzeichen einer Persönlichkeit, eines »Ich«. Mit Hampe kann man von einer Bewußtseinsveränderung sprechen, die mit dem Tode eintritt. Versuche der Verstorbenen, Ärzten oder Familienmitgliedern etwas zuzurufen, haben keinen Erfolg. Manche erzählen später, daß sie nicht genau begriffen, was geschah und mit Schreck feststellten, daß der Körper, den sie auf dem Bett liegen sahen, ihr eigener war. Sie sind erstaunt, daß sie durch Menschen oder Türen hindurchgehen und, je nach Wunsch, in einem Augenblick schwerelos große Entfernungen zurücklegen können. Manche, aber längst nicht alle, sprechen von einer Kordel, einem Faden, einem Band oder einer Kette, mit der man noch mit dem Körper verbunden ist. Man ist sich bewußt, daß, wenn diese Verbindung abbrechen würde, eine Rückkehr nicht mehr möglich ist. Man könnte einen Vergleich mit der

Geburt ziehen, wo man durch die Nabelschnur noch eine Verbindung mit dem Körper der Mutter hat. Aber mein Eindruck ist der, daß diejenigen, die von einem Band sprechen, unter Narkose standen oder sich im Koma befanden. Dies würde auch erklären, daß wirklich klinisch Tote dieses Band kaum erwähnen. Eine andere Erklärung wäre die, daß man soviel erfährt und wahrnimmt, daß man dieser noch bestehenden Verbindung keine Beachtung schenkt.

Wir führen im Folgenden noch eine Anzahl von Zeugnissen an, wobei wir die von Hampe und Moody weglassen, weil die Leser diese leicht bei ihnen nachschlagen können.

B. 61. Doktor Ritchie berichtet von einem Erlebnis aus seiner Dienstzeit im Zweiten Weltkrieg. Während Röntgenfotos von ihm gemacht wurden, verlor er sein Bewußtsein. Als er seine Augen öffnete, lag er in einem Zimmer, das er nicht kannte. Er sprang aus dem Bett und suchte nach seiner Uniform. Dann sah er jemanden im Bett liegen, das er glaubte, gerade verlassen zu haben. Er stellte fest, daß der Mann tot war. Daraufhin sah er einen Ring an seinem Finger, den er als einen Ring der Studenten-Bruderschaft erkannte, wie er selbst einen seit zwei Jahren trug. Danach rannte er aus dem Zimmer. »Paß auf!«, rief er einem Krankenpfleger zu, aber dieser hörte es nicht und lief quer durch ihn hindurch. Ritchie lief schnell aus dem Krankenhaus und versuchte, von einer Fernsprechzelle aus anzurufen. Aber er konnte keinen Kontakt mit der Schnur und dem Hörer bekommen. Es wurde ihm deutlich, daß er die Festigkeit seines Körpers verloren hatte; seine Hand konnte nichts mehr greifen, sein Mund keinen Ton mehr hervorbringen; man konnte ihn nicht sehen. Nun erst merkte er, daß der Körper im Bett sein eigener gewesen sein mußte, und daß er so schnell wie möglich in ihn zurück mußte. Ritchie kehrte zum Krankenhaus zurück, auf der Suche nach seinem Körper. Er durchquerte erst einige Säle, bevor er den Körper mit dem Ring fand. Vergeblich probierte er, das Bettlaken von seinem Kopf wegzuziehen. Nun erst wurde ihm deutlich, daß er gestorben war. Tatsächlich hatten der Militärarzt und der Krankenpfleger ihn an diesem Tage, den 20. Dezember 1943, für tot erklärt.

B. 62. Der bekannte französische Filmstar Daniel Gélin bekam in seinem Hotel in Tel Aviv einen Herzanfall. Nachdem man ihn in höchster Eile in ein Krankenhaus gebracht hatte, war er vier Minuten lang klinisch tot. Er fühlte sich durch den Raum schweben, sah seinen Körper auf dem Bett liegen und bemerkte, daß der Monitor stillstand.

B. 63. Auch die Amerikanerin Mary Lois Leath sah auf ihren Körper hinab. Sie nahm wahr, wie ihr siebenjähriges Söhnchen an ihrem Arm zog und um Hilfe rief. Sie sah auch einen Krankenwagen ankommen, und wie ihr Körper in den Wagen hineingetragen wurde. Sie folgte dem Wagen zum Krankenhaus und war Zeugin der Versuche der Ärzte, sie wieder ins Leben zurückzurufen.

B. 64. Nachdem sein Auto angefahren worden war, schwebte der amerikanische Unterminister der Marine, Johnson, aus seinem Körper. Er sah, was rund um das beschädigte Auto geschah. In einem Sekundenblitz sah er auch seine Frau neben dem Auto stehen. Später hörte er, daß sie zu Hause intuitiv den Augenblick des Zusammenstoßes gefühlt und Gott in dem Moment gebeten hatte, ihren Mann zu retten.

B. 65. Das Herz des Ex-Piloten Russ stand einige Minuten still. Nachdem er sich selbst auf dem Bett hatte liegen sehen, ging er zur Tür hinaus und sah, wie draußen die Kirschbäume in Blüte standen.

B. 66. Frau Kay Lambeth sollte durch einen Kaiserschnitt entbinden. Zwei Ärzte stellten fest, daß Mutter und Kind gestorben waren. Frau Lambeth sah sich selbst vom Fußende des Operationstisches. Sie nahm noch wahr, wie das Kind geboren wurde. Sie hörte, was die Ärzte zueinander sagten. Daraufhin sah sie ein großes Licht. Den Ärzten gelang es, sie ins Leben zurückzurufen.

B. 67. Der Kanadier Godkin erlitt durch ein Unglück eine Verbrennung dritten Grades. Sein Körper war zu 65 %/0 verbrannt. Er erzählt später: »Ich reiste in das Land auf der anderen Seite des Todes und kehrte von dort zurück. Eines der ersten Dinge, dessen sich die Seele bewußt wird, ist die Gewichtslosigkeit von dem Moment an, da die Seele den Körper verläßt. Es ist der irdische Körper, der der Seele das Gefühl der Schwere gibt. Es ist eine enorme Erfahrung, auf den Körper herabzusehen, wie er auf dem Krankenhausbett liegt. Als ich den Schock, von meinem Körper geschieden zu sein, überwunden hatte und realisierte, daß ich jetzt in der geistigen Welt verkehrte, war ich über den großen Unterschied zwischen den zwei Welten erstaunt. Zuerst ist dort die deutliche Scheidung zwischen Licht und Dunkel. Das Licht ist milde, freundlich und beständig. In der geistigen Welt scheint kein Zeitfaktor zu bestehen und auch kein Begriff von Zeit und Raum, so wie wir ihn hier kennen.«

B. 68. Über dieses Licht spricht auch der Niederländer Bert Garthoff. Als Soldat in Indonesien kam er mit einer Lungenentzündung ins Militärlazarett, so erzählte er in seinem Radioprogramm »Wetter oder kein Wetter« vom 18. 6. 1978. Plötzlich hatte er das Bewußtsein, »da geh' ich«. »Ich flog, oder besser gesagt, ich wurde geflogen und noch besser, ich wurde gesungen durch Stimmen, die keine Worte sangen, sondern nur Melodien, Klänge von Menschen oder Wesen, die ich nicht sehen, sondern nur hören konnte. Und durch den Gesang getragen, schwebte ich fort über eine zart-wellige Hügellandschaft, die prächtig weiß war, nicht schneeweiß, jedoch weiß vom Licht. Es war eine Landschaft voller Licht, eine Lichtlandschaft.«

B. 59a. Der bereits genannte Marvin Ford erlebte sein Sterben auf folgende Weise: »Wie ein Korken, der von

der Flasche springt, löste sich mein Geist von meinem Körper und stieg mit einer Drehung von 45 Grad durch die
Decke des Krankenhauszimmers. Mit einer enormen
Schnelligkeit bewegte ich mich zu einem Licht im Welt-
raum.«

B. 69. Eine gleichartige Erfahrung hatte Rebecca Springer
während ihres Komas. Auch sie sah sich selbst auf dem
Bett liegen. Sie konnte wahrnehmen, daß ihre Krankenschwester die Zeitung las. Durch das Fenster ging sie nach
draußen auf die Straße.

B. Der Tunnel und die Geräusche

Viele, die in der Ferne ein Licht gesehen haben, erzählen,
daß sie, um dieses Licht zu erreichen, erst durch einen Tunnel, ein Rohr, einen Korridor oder ein Tal hindurch muß-
ten. Auch bei Moody und Hampe finden wir Beispiele hierüber. Beim Lesen dieser Beschreibungen drängt sich die
Assoziation mit einer Geburt auf. Könnte es nicht sein,
daß, wie wir alle durch einen engen Durchgang hindurch-
geboren werden, wir auch durch einen engen Durchgang
müssen, um in die nächste Lebensphase zu kommen? Doch
nicht alle sprechen über diesen Tunnel. Die Erfahrungen
sind auch in diesem Punkt nicht alle gleich. Im folgenden
wieder eine Anzahl von Beschreibungen.

B. 60a. Julia Ruopp, jene Frau, die während ihrer Kehl-
kopfoperation starb, setzt ihre Geschichte fort: »Dann
ging ich durch etwas, das einem langen, dunklen Korridor
ähnelte. Auf dieser Reise, die lange dauerte, geschah nichts
und ich fragte mich, wie lange es noch gehen würde, als
ich in einen überwältigenden, weiten Raum voller Licht
kam, ein klopfendes, lebendiges Licht, das nicht mit Worten zu beschreiben ist.«

B. 64a. Unterminister Johnson schwebte, nachdem er das Wrack seines Autos, die Polizei, Neugierige und seine Frau wahrgenommen hatte, durch einen Tunnel zum Licht.

B. 59b. Marvin Ford erzählt, wie er sich schnell durch eine große, dunkle Leere bewegte. In seinem Buch berichtet er von jemandem, der erfror und dessen Tunnel blauweiß, also wie Eis, aussah.

B. 70. Die seit ihrer Geburt verstümmelte Betty Baxter bat den Herrn, sie in den Himmel aufzunehmen. Sie fühlte um sich herum eine kalte Dunkelheit. Sie bewegte sich durch ein enges Tal, bis sie plötzlich Licht sah.

In dieser Phase hören viele Menschen Geräusche. Moody spricht über ein unangenehmes Summen, Klopfen, Flöten oder Gebrüll, aber er berichtet auch von Glocken- oder Schellengeläut und von herrlicher Musik. Dies trafen wir bereits bei Sterbenden an und auch Garthoff berichtet darüber. Dr. Rawlings kennt jemanden, der diese Musik auch nach der Rückkehr in den Körper noch einige Zeit hörte. Hampe berichtet von Menschen, die Stimmen auffangen. Wir geben ein Beispiel von diesen Geräuschen.

B. 71. Ende 1976 stürzte das Flugzeug des Ehepaares Beck ab. Der Mann kam dabei ums Leben. Die Frau hörte im Dunkeln ein summendes Geräusch. Dann kam sie in ein weißes Licht voller Liebe und Frieden.

Diese Geräusche sind eigentlich unerklärlich. Es sei denn, daß wir mit Garthoff annehmen, daß sie »von Menschen oder Wesen« stammen. Aber warum sind sie das eine Mal unangenehm und das andere Mal schön? Es liegt auf der Hand, daß, wenn Sterbende früher Verstorbene und Engel wahrnehmen, diese auch eine Rolle beim Verlassen des Körpers und der Reise durch den Tunnel spielen. Tatsächlich finden wir hierüber viele Berichte.

C. Verstorbene und Engel

Elisabeth Kübler Ross befragte 750 Menschen, die klinisch tot gewesen waren. Viele von ihnen erzählten von Begegnungen mit früher Verstorbenen. Dasselbe konstatieren Osis und Dr. Rawlings. Der letztere sagte: »Meine Patienten treffen im allgemeinen verstorbene Geliebte auf einer Art Sortierplatz, der mit einem Schlagbaum von einer dauerhaften Daseinsform abgeschlossen war.« Dr. Moody berichtet ebenfalls Fälle, in denen früher Verstorbene den gerade Verstorbenen anboten, sie unterwegs zu führen und zu beschützen. Wir geben einige Beispiele.

B. 62a. Während Daniel Gélin klinisch tot war, sah er, daß sich ihm zwei Gestalten näherten. Es waren seine Eltern. Sie brachten ihn in einen Garten, in dem er sein mit vier Jahren gestorbenes Söhnchen Paul traf.

B. 72. Frau Dorothy Whippo erzählte einem Journalisten, daß sie während einer ernstlichen Krankheit ihren Körper verlassen hatte. Sie war nach einer Reise durch einen dunklen Tunnel ihrem Vater, Bruder, Onkel und ihrer Schwägerin begegnet, die bereits alle früher verstorben waren. Ihr Vater hatte sie zeit ihres Lebens stets »Schwesterchen« genannt und sie bei diesem Wiedersehen gefragt: »Willst Du Dich nicht zu uns setzen, Schwesterchen?«

B. 73. Nachdem Francis Leslie mittels einer Adrenalin-Injektion wieder ins Leben zurückgekehrt war, erzählte sie, wie sie durch einen langen Schacht geschwebt war, und daß es war, als ob Stimmen längst verstorbener Bekannter sie zur Öffnung des Tunnels gerufen hätten.

B. 69a. Während Rebecca Springer im Koma lag, war das erste, was sie sah, daß ihr verstorbener Schwager kam, sie abzuholen.

Oft sind diese Begegnungen mit früher Verstorbenen mit einer Erscheinung von Wesen verbunden, die man als Engel beschreibt.

B. 74. Während Judith Reeves bei einer Operation unter Narkose stand, sah sie, wie zwei Engel sie durch Täler und über Berge und Seen zu einem strahlenden Licht trugen. Vor dem Tor einer weißen, himmlischen Stadt sah sie ihre Mutter stehen, die vor 50 Jahren gestorben war. Sie sah wie eine junge Frau aus.

Oft nimmt man auch nur Engel wahr.

B. 75. Pfarrer Work, der Schwiegervater Pfarrer Wilkersons, lag 1938, nachdem er durch ein Fall von der 2. Etage sein Genick gebrochen hatte, im Koma. In diesem Zustand war er sich bewußt, daß zwei Engel, in helles Licht gehüllt, die ganze Nacht bei ihm wachten.

B. 76. Während Marietta Davis im Koma lag, wußte sie sich von einem Engel in höhere Welten geführt.

Ebenso wie bei Sterbebett-Erfahrungen finden auch hier Begegnungen mit Menschen statt, von denen man nicht wußte, daß sie gestorben waren.

B. 77. Eine alte Dame erzählte ein Erlebnis aus ihrer Jugend. Während einer Krankenhausaufnahme merkte sie, daß ihr Geist ihren Körper verließ. Zurückblickend sah sie ihren jungen Ehemann weinen. Sie traf einen Engel und war der Meinung, daß dieser sie weiter führen würde. Dann sah sie aber plötzlich einen jungen Mann, den sie kannte. »Tommy«, rief sie, »ich wußte nicht, daß du hier oben warst!« Er antwortete: »Ich wußte auch nicht, daß du hier warst!« »Ich bin gerade angekommen«, sagte sie. »Ich auch«, antwortete er. Zu ihrer Enttäuschung sagte der Engel unerwartet zu ihr: »Aber du mußt noch eine Zeitlang zur Erde zurückkehren.« Später wurde festgestellt, daß zur gleichen Zeit ihres klinischen Todes der Freund gestorben war.

B. 78. Die Kanadierin Frau Bossert hatte zwei Erfahrungen mit dem klinischen Tod, 1948 und 1975. Während ihrer zweiten Sterbenserfahrung starb ihr Bruder. Frau

Bossert sah ihn in den Himmel eintreten. Sie wußte nichts von seinem Sterben.

B. 79. Frau D. fiel ins Koma. Nachdem sie wieder zu Bewußtsein gekommen war, erzählte sie, daß Herr B. soeben gestorben sei, denn sie habe ihn in den Himmel eintreten sehen. Sie konnte unmöglich vom Tode des Herrn B. wissen. Man erkundigte sich und erfuhr, daß der Mann tatsächlich gestorben war, und zwar in dem Augenblick, als sie ihn im Koma gesehen hatte.

D. Die Lichtgestalt und das Lebenspanorama

Immer wieder haben wir gehört, daß Menschen, ob sie nun durch einen Tunnel gingen oder nicht, einem großen Licht entgegenschwebten. Nun ist es überraschend, daß sehr viele aussagen, sie seien in diesem Licht einem Wesen, einer Person, begegnet, von der Liebe und Friede ausströmte. Das Licht umhüllt einen »Jemand«, der selbst meistens nicht wahrgenommen wird. Andere denken mehr an ein »Etwas«. Jemand spricht über ein Netz mit Kordeln und Knoten voller Energie, ein anderer über ein Bündel von Farben, wie in einem Blumenstrauß.

Sehr viele erzählen auch, sie seien in Anwesenheit dieser Lichtgestalt mit der Wahrheit über sich selbst konfrontiert worden. Sie sahen ihr ganzes irdisches Leben in einem Rückblick an sich vorüberziehen. Einige sprechen von einer Art Film, andere von Dias. Der eine spricht über eine chronologische Reihenfolge, ein anderer sagt, daß er alles auf einmal sah. Alle haben den Eindruck, daß ihr Lebenspanorama blitzschnell vor ihnen abrollt: Dieses Ereignis kommt nicht nur bei klinisch Verstorbenen vor, sondern auch bei Menschen in plötzlicher Lebensgefahr, bei einem Bergabsturz oder bei Ertrinkungsgefahr. So gibt es aus dem vorigen Jahrhundert einen Bericht des Admirals Beaufort, der, während er fast ertrank, sein ganzes Leben rückwärts ablaufen sah: »aus der Vogelperspektive, stets deutlicher. Unter den Bildern waren auch solche, die aus meiner Erinnerung verschwunden waren, die ich aber als richtig erkennen mußte.«

Viele berichten, daß während des Ablaufs dieses Lebenspanoramas die Lichtgestalt das Wort an sie richtete, wobei sie sich bewußt sind, daß dieses Sprechen mehr durch Gedankenübertragung als durch eine hörbare Sprache geschieht. Viele »hörten« die Frage an sich gestellt: »Bist du bereit zu sterben?« »Was kannst du nun von deinem Leben sehen lassen?« Aber man hatte den Eindruck, daß diese Frage nicht drohend, verurteilend klang. Gerade auf diesem Punkt erfahren Zurückgekehrte, daß ihre irdische Sprache nicht ausreicht, um diese Begegnung zu beschreiben. Aus den Berichten wird deutlich, daß sich die Lichtgestalt nur selten zu erkennen gibt. Nicht-Christen äußern sich nur undeutlich über die Lichtgestalt. Christen identifizieren sie ohne Zögern mit Jesus Christus. Diejenigen, für die Jesus in ihrem Leben keine Realität ist, sprechen über »ein Licht vollkommenen Verstehens und vollkommener Liebe«, über einen »Engel des Lichts« oder über »ein heiliges Wesen«, so berichtet Moody. Laßt uns einige der Beschreibungen anführen.

B. 61a. Doktor Ritchie, der sein Erlebnis als Soldat beschreibt, erzählt über seine Begegnung Folgendes: »In dem verzweifelten Augenblick — als er entdeckt hatte, daß er gestorben war — füllte sich das Zimmer mit Licht. Ich sage ›Licht‹, aber in unserer Sprache gibt es kein Wort, um diese intensive Strahlung zu beschreiben. Ich muß jedoch versuchen, Worte dafür zu finden, weil, wie unbegreiflich diese Erfahrung auch für meinen Verstand war, sie seitdem jeden Moment meines Lebens beeinflußt hat. Das Licht, das ins Zimmer trat, war Christus. Ich wußte das, weil tief in mich hinein der Gedanke gelegt wurde, du bist in der Gegenwart des Sohnes Gottes. Ich habe Ihn ›Licht‹ genannt, ich hätte aber auch ›Liebe‹ sagen können, denn das Zimmer wurde überströmt, durchdrungen, erleuchtet mit dem vollkommensten Erbarmen, das ich je gefühlt habe. Es war eine Gegenwart, so tröstend, so voller Freude, so vollkommen befriedigend, daß ich mich selbst für ewig in dieses Wunder hätte verlieren wollen.

Es war jedoch auch etwas anderes in dem Zimmer anwesend. Mit der Gegenwart Christi, gleichzeitig, auch wenn ich es hintereinander erzählen muß, war auch jede Episode meines Lebens mitgekommen. Da waren sie: jedes Ereignis, jeder Gedanke, jedes Gespräch, greifbar, wie eine Serie Fotos. Es gab keinen Anfang und kein Ende. Sie kamen gleichzeitig und gaben Antwort auf die *eine* Frage: ›Was hast du mit deiner Zeit auf Erden getan?‹ Besorgt schaute ich auf die Szenen vor mir: Schule, Familie, Pfadfinder, eine ziemlich normale Jugend, aber im Licht der ›Gegenwart‹ erschien es mir ein unwichtiges Bestehen. Ich suchte in meinen Gedanken nach guten Taten. ›Sprachtest du zu anderen über mich?‹ kam die Frage. ›Dazu hatte ich keine Zeit‹, war meine Antwort. ›Ich hatte die Absicht, aber dann geschah dies. Ich bin zu jung, um zu sterben.‹ ›Niemand‹, so klang es unaussprechlich freundlich, ›ist zu jung, um zu sterben.‹«

B. 67a. Herr Godkin, der bei einer Gasexplosion schwere Verbrennungen erlitten hatte, sah in seinem Krankenhauszimmer einen Lichtstrahl, der die Hälfte des Zimmer erfüllte. In diesem Strahl befand sich ein geistiges Wesen. Das Sehen dieses Wesens gab Godkin ein Sündenbewußtsein und führte ihn zum Sündenbekenntnis. Eine Stimme sagte zu ihm: »Komm!« Godkin beschreibt, wie er sich danach im Paradies befand und entdeckte, daß das Licht von Jesus ausstrahlte und den Teil des Himmels, der Paradies genannt wird, füllte.

B. 70a. Die Invalide Betty Baxter wußte intuitiv, daß das Licht, in dem sie nach ihrer Reise durch das enge Tal plötzlich zurechtkam, Jesus war. Sie fühlte, daß Er sie an die Hand nahm.

B. 71a. Nach ihrem Flugzeugunglück und ihrer Wanderung durch das Dunkel sah Frau Beck in einem weißen Licht voller Liebe und Friede, wie Jesus auf sie schaute. Sie sah ihren beim Unglück umgekommenen Mann neben Ihm stehen und Ihn um Vergebung für seine Sünden bitten. Frau Beck wollte sich zu ihrem Mann fügen, aber Jesus sagte ihr, daß sie zur Erde zurückkehren müßte, um dort zu erzählen, daß es ein ewiges Leben gibt. Er erklärte ihr verschiedene Bibelstellen darüber. Nachdem Frau Beck Ihm versprochen hatte, diesen Auftrag auszuführen, kehrte sie in ihren Körper zurück. Ihr gebrochener Nacken und Schädel und ihr verletzter Arm genasen so schnell, daß die Ärzte erstaunt waren.

B. 59c. Marvin Ford erlebte, daß sein Leben in einem für irdische Begriffe kurzen Augenblick abrollte. Er sagte: »Wie schnell es auch ging, es war unbeschreiblich lebendig. Ich hatte auch das Gefühl, vollkommen geliebt und angenommen zu sein.«

B. 80. Der Evangelist Dick Mills kam mit einer doppelten Lungenentzündung auf die Intensiv-Station. Er hörte eine Stimme sagen: »Er ist gestorben.« Während die Ärzte damit beschäftigt waren, ihn in ein Sauerstoffzelt zu legen, hatte er eine Begegnung mit Jesus. Dieser zeigte ihm eine Stadt, in der alles nach den Gesetzen der Harmonie gebaut war und erinnerte Mills daran, daß er selbst aus der Harmonie geraten war. Mills mußte das zugeben: er haßte jemanden, den er als Konkurrenten ansah. Jesus erinnerte Mills daran, daß ihm seine Sünden vergeben waren, und daß er trotzdem jemanden haßte und sagte zu ihm: »Ich schicke dich zurück, um in Zukunft diesen Mann zu lieben.« Mills kehrte ins Leben zurück.

B. 81. Frau Harrington, eine junge Frau von 29 Jahren, wurde nach einem Autounfall ins Krankenhaus gebracht. Sie hörte die Krankenschwester sagen, daß sie klinisch tot sei. Danach sah sie eine strahlende, weiße Figur mit einer Krone auf dem Haupt und erkannte in ihr Jesus. Sie fragte Ihn, ob Er es tatsächlich sei? Er bestätigte das: »Ich bin der König der Könige und der Hirt der Hirten.« »Du müßtest sterben«, sagte er zu ihr, »du hast nicht für Mich gelebt. Wenn du sterben würdest, könntest du nicht mit mir mitgehen.« Sie bekannte Ihm ihre Schuld und bat Ihn, ihr eine neue Chance zu geben. Jesus beauftragte sie, in der Zukunft für Ihn zu leben und sandte sie zurück. Danach hörte Frau Harrington die Schwester sagen: »Ihr Blutdruck und ihr Herzschlag sind wieder da.« Nach Monaten langsamer Besserung durfte Frau Harrington das Krankenhaus verlassen. Dieses Erlebnis veränderte ihre ganze Lebensart.

B. 82. Martensen-Larsen berichtet von jemand, der schwerverwundet in bewußtlosem Zustand erlebte, wie sein ganzes Leben blitzartig vor seinem geistigen Auge ablief. Der Mann sagte später: »Ich mußte die traurige Erfahrung machen, daß es nichts gab, worüber ich mich freuen konnte. Demgegenüber standen mir meine schlechten Taten vor Augen. Ich litt moralische Qualen.«

B. 83. Derselbe Autor berichtet über einen deutschen Bauern aus Brasilien. Dieser sagte hinterher: »Mein ganzes Leben zog mit schnell wechselnden, aber ruhigen Bildern an mir vorbei, oft wie ein Film, oft wie ein nicht eingerahmtes Bild auf einer langen Wand, dann wieder wie ein großes Gemälde.«

Aus diesen Beispielen wird deutlich, daß die Begegnung mit der Lichtgestalt und der Ablauf des vergangenen Lebens für sehr viele eine gewaltige Auswirkung hatte. Viele sprechen von einer erzieherischen Funktion, die ihnen half, zukünftig mit größerer Liebe und mehr Einsicht zu leben.

Martensen-Larsen stellte bereits fest, daß viele nach der Rückkehr in dieses Leben »eine moralische Kursänderung« vornahmen. Der Schwerverwundete, B. 82, bekannte: »Ich bin ein anderer Mensch geworden. Mein Gefühl für Recht und Unrecht ist unendlich viel schärfer. Dies alles hat einen guten Einfluß auf mich gehabt. Alles Böse, das wir tun, rächt sich bereits auf Erden und unerbittlich in der Stunde des Todes. Ich bin Gott dankbar.« Einige Menschen bekehrten sich nach ihrem Erlebnis zu Gott. Am Ende dieses Kapitels kommen wir noch darauf zurück.

Wir sahen, daß manche Menschen nach der Begegnung mit der Lichtgestalt zur Erde zurückgeschickt wurden. Es scheint, daß diese Rückkehr zum Leben oft ohne Hilfe des Arztes stattfindet. So geschah es mit Mills (B. 80). Wir bringen noch einige Beispiele.

B. 84. Otis Jones starb nach einem Herzanfall. Er erzählt: »Es kam mir vor, als ob ich mich auf dem Wege zu einer Tür am Ende eines langen Ganges befände. Ich schaute nach oben und sah in der Türöffnung ein stahlendes Licht und eine Gestalt.« Eine Stimme schickte ihn zurück; er erhielt Heilung und kehrte ins Leben zurück.

B. 85. Der anglikanische Theologe Michael Green berichtet über einen ihm bekannten Evangelisten, der in einer indischen Stadt einer Christin begegnete, die einer hohen Kaste angehörte. Sie erzählte ihm, daß sie sich im letzten Stadium von Krebs befunden hatte und die letzten Wochen ihres Lebens in Madras verbringen wollte. Dort hatte der Arzt ihren Totenschein ausgestellt und sie ins Leichenhaus legen lassen. In diesem Zustand hatte sie eine Vision von Jesus, den sie vorher nicht gekannt hatte. Er hatte sie liebevoll angesehen. Sie hatte zu Ihm gesagt: »Herr, wenn Du mich zurückkehren läßt, werde ich mein Leben Dir geben.« Als das Leichenhaus gereinigt wurde, sah eine Putzfrau ihren Körper bewegen. Ein Arzt wurde alarmiert, der feststellte, daß ihr Puls schwach schlug. Er schrieb eine Bluttransfusion vor. Der Krebs war aus ihrem Körper verschwunden. Die Frau hielt ihr Gelöbnis.

B. 65a. Während der Ex-Pilot Russ nach seinem Herzanfall draußen umherwandelte, wurde er von »einem geistlichen Wesen« zurückgehalten. Ihm wurde gesagt: »Du mußt zurück, deine Aufgabe ist noch nicht erfüllt. Ein Mann wird zu Besuch kommen, und du wirst geheilt werden.« Danach befand sich Russ wieder in seinem Körper auf dem Bett. Der lutherische Pfarrer Prange besuchte ihn und betete mit ihm. Nach Pranges Weggehen stand Russ auf und ging nach Hause. Am nächsten Tag mähte er seinen Rasen. Der Arzt, der zuvor aufgrund des Elektrokardiogramms festgestellt hatte, daß zwei Drittel des Herzens nicht mehr funktionierte und ihm erklärt hatte, er werde für immer arbeitsunfähig bleiben, konnte bei einer erneuten Untersuchung nichts Negatives mehr feststellen.

Oft findet die Begegnung mit der Lichtgestalt früher statt, nicht beim klinischen Tod, sondern wenn der Tod drohend nahe zu sein scheint.

B. 86. Der Flieger C. L. Wilgus, ein Christ, stürzte mit seinem Flugzeug ab. Er sah, wie Jesus mit ausgestreckten Armen auf ihn wartete. Er sah auch eine andere Gestalt mit festgebundenen Händen, die er als den Tod erkannte. Nicht begreifend, wie es möglich war, landete sein Flugzeug sicher.

Oft findet die Begegnung mit der Lichtgestalt für das Gefühl derjenigen, die darüber berichten, in einem späteren Stadium statt, nicht nach dem Verlassen des Tunnels, sondern nach dem Betreten dessen, was als eine Stadt beschrieben wird. Das Sehen einer Stadt finden wir auch bei Sterbenden. Solchen Beschreibungen wenden wir uns jetzt zu.

44

Es scheint, als ob manche, die die Grenze überschritten haben, einen tieferen Blick in jene Dimension werfen, die auf der anderen Seite des irdischen Lebens liegt. Verschiedene sprechen über einen Schleier, durch den sie in die andere Welt schauen konnten, der aber verhinderte, daß sie in die andere Welt gelangten. Andere hatten den Eindruck, als ob sie durch ein Fenster schauen durften. Moody stieß bei seiner Untersuchung auf Fälle, bei denen man das Bewußtsein hatte, sich einer Grenzlinie zu nähern. Diese Grenze wird auf verschiedene Weise erlebt und beschrieben: als Nebel, eine Linie, als Wasser, ein Zaun, eine Tür oder ein Tor. Oft sah man auf der anderen Seite der Grenze eine grüne Fläche. Einige hatten das Gefühl, als ob sie auf einem Schiff zum anderen Ufer fuhren, wo bereits Verstorbene auf sie warteten, aber dann bemerkten, daß das Schiff kurz vor der Landung umkehrte. Andere wieder fühlten sich kurz vor der Tür zurückgezogen oder zurückgesandt. Wir geben einige Zeugnisse.

B. 87. Ein Methodistenpfarrer erzählt in seiner Autobiographie, wie er während einer schweren Krankheit beide Welten gleichzeitig wahrnehmen konnte. Danach geriet die irdische Welt aus seinem Blickfeld, und er sah nur Jesus und die, die auf der anderen Seite mit ihm sind. Seinem Gefühl nach erreichte er beinahe das himmlische Ufer. Er sah seine erste Frau und seine jung verstorbenen Kinder, die jetzt wie Erwachsene aussahen. Auch sah er viele, die er zum Glauben gebracht hatte und später gestorben waren. Alle warteten auf ihn, um ihn willkommen zu heißen. Aber kurz bevor er das andere Ufer erreichte, hörte er, wie Jesus zu ihm sagte: »Ich habe noch mehr Arbeit auf der Erde für dich.«

B. 70b. Nachdem Jesus sie an die Hand genommen hatte, hörte Betty Baxter in der Ferne Musik. Sie kamen an einen breiten Fluß. Auf der anderen Seite sah sie Gras und Blumen in allerlei Farben. Sie konnte den Fluß durch die Stadt fließen sehen und hörte eine Gruppe Erlöster am anderen Ufer singen. Dann hörte sie Jesus sagen: »Deine Zeit zum Überqueren ist noch nicht gekommen. In diesem Herbst wirst du geheilt werden.« Danach kam sie aus ihrem Koma zum Bewußtsein. Tatsächlich wurde sie vollkommen geheilt. Hiervon zeugt sie noch immer in der ganzen Welt.

B. 75a. Einige Tage nach seiner ersten Erfahrung fiel Pfarrer Work aufs neue in eine Bewußtlosigkeit. Lag er im Koma oder war er tot? Wie dem auch sei, seine Frau war von seinem Tod überzeugt und beschwor im Namen Jesu den Tod. Pfarrer Work kam wieder zu Bewußtsein. Er erzählte, was er erlebt hatte: »Ich war beim Herrn. Ich fuhr in einem himmlischen Fahrzeug durch die Weite einem hellen Licht entgegen. Ich hielt am Tor einer unbeschreiblich schönen Stadt. Ich wurde von Engeln und Geliebten umringt und konnte in die Stadt hineinsehen. Ich sah Straßen aus Gold und ein Glänzen und Glitzern, das ich nicht beschreiben kann. Ich sah Menschen, die gestorben und nun beim Herrn sind. Gerade als ich durch ein Perlentor hineingehen wollte, hielten mich zwei himmlische Wesen zurück. ›Du kannst nicht eintreten‹, sagten sie, ›du mußt zurückkehren, deine Aufgabe ist noch nicht erfüllt.‹ Als ich mich auflehnte, sagte einer der Engel: ›Das ist ein Gebot, das befolgt werden muß. Du mußt zurück.‹« Pfarrer Work kam wieder zu Bewußtsein. Sein gebrochenes Genick und seine Schädelwunden waren geheilt. Der Arzt — kein Christ — mußte erkennen, daß hier ein Wunder geschehen war.

B. 60b. Frau Ruopp erzählt, daß sie durch ein Fenster in ein erleuchtetes Stück des Himmels schaute. Sie sah Kinder spielen und singen. Auch sah sie einen Obstgarten. An den Bäumen hingen sowohl reife, rote Äpfel als auch duftende Blüten. Sie versuchte vergeblich, durch das Fenster nach innen zu klettern. Immer wieder wurde sie zurückgezogen.

B. 88. Die Erfahrung der Engländerin Anna Hewlett Ward im Jahre 1928 wird wie folgt beschrieben: Nach dem Verlassen ihres Körpers fühlte sie sich emporsteigen, entlang dem ersten Himmel, so wie sie es nannte, und an den Sternen vorbei. Plötzlich sah sie das bezaubernde Jaspislicht der himmlischen Stadt. Sie näherte sich schnell der mit Juwelen besetzten, strahlenden Metropole; aber ein Engel kam ihr entgegen und zeigte nach unten mit den Worten: »Du mußt zur Erde zurückkehren.« Am anderen Tag konnte sie, von ihrer Krankheit geheilt, wieder an ihre Arbeit gehen.

Es ist merkwürdig, daß viele sagen, daß nach ihrem Gefühl der Strom und die Stadt in nördlicher Richtung im Verhältnis zur Erde liegen.

B. 78a. Frau Bossert, die im Jahre 1948 eine Stunde lang tot war, erzählte nach ihrer Rückkehr, daß sie offene Tore gesehen hatte und einen strahlenden Geist, der neben ihr stand. Aus nördlicher Richtung hörte sie liebliche Musik. In gleicher Richtung sah sie ein großes Licht.

B. 59d. Als Marvin Ford seinen Körper verließ, fühlte er sich in nördliche Richtung emporschießen.

Viele kommen tatsächlich nicht weiter als bis zu dieser Grenze. Moody traf bei seinen Untersuchungen anfänglich niemanden an, der mehr erfahren hat. »Niemand sah Tore, Straßen, Engel, Hölle oder Dämonen.« In seinem zweiten Buch gibt er jedoch Zeugnisse von Menschen wieder, die eine Lichtstadt gesehen haben. Osis hatte bereits früher ausführlichere Resultate gesammelt. In den 3500 Fällen, die er untersuchte, wurden in 884 Fällen prächtige Landschaften wahrgenommen und wurde herrliche Musik gehört. Aus vorgenannten Zeugnissen wird deutlich, daß viele jenseits der Grenze noch mehr wahrgenommen haben. Die Zurückgekehrten berichten außerdem, daß es ihnen vergönnt war, die Grenze zu überschreiten und durch das Tor einzutreten. Warum einige dies wohl und andere das nicht dürfen, ist uns unerklärlich. Wir werden kaum über das hinauskommen, was uns der Kanadier Godkin (B. 67) nach seiner Rückkehr erklärte: »Jeder sieht nur, was Gott ihm zeigen will.« Sind einige speziell auserwählt, um uns mehr von der Herrlichkeit auf der anderen Seite zu erzählen? Im ersten Kapitel entdeckten wir, daß einige einen Blick auf eine Welt voller Schönheit und Lieblichkeit werfen durften. Lesen wir, was diejenigen, die diese Welt betreten durften, uns erzählen. Viele beschreiben das Tor und die Mauer der Lichtstadt.

B. 89. 1959 starb Frau Betty Malz an einer Bauchfellentzündung. Sie erinnert sich, daß, während ihr Vater neben ihrem leblosen Körper kniete und immer wieder den Namen Jesu wiederholte, sie selbst mühelos den Gipfel eines Hügels bestieg, der mit samtartigem Gras bedeckt war. Neben ihr war eine majestätische, silberartige, marmorne Mauer. Ein Engel kam und öffnete prachtvolle, durchscheinende, perlene Tore. Als er sie fragte, ob sie hineingehen wolle, antwortete Frau Malz, daß sie lieber zur Erde zurück, zu ihrer Familie, wolle. Aber während sie zwischen den Toren stand und hineinschaute, empfing sie »etwas«, das sie, wie sie später erzählte, nie ganz deutlich machen konnte. »Niemals werde ich die Majestät der Gegenwart Gottes im Himmel vergessen.« Sie lief danach den Hügel wieder hinab und kehrte in ihren Körper zurück. In einem Lichtstrahl sah sie Worte wie aus Elfenbein geschnitzt fünf cm hoch »Joh 11,25: Ich bin die Auferstehung und das Leben. Wer an mich glaubt, wird leben, auch wenn er stirbt.« Als sie die Worte anrühren wollte, fühlte sie, wie ihr kalter Körper wieder warm wurde. Sie schob das Laken von ihrem Gesicht. Sie war vollkommen gesund.

B. 90. Ein zehnjähriger Junge, Otto Borgnein, wurde unter einer einstürzenden Mauer begraben. Fünf Tage lang lag er in einem tiefen Koma im Krankenhaus. Der behan-

delnde Arzt, Peter Klein, berichtete, daß Otto in diesen
fünf Tagen zweimal klinisch tot war. Später erzählte der
Junge kindlich: »Zweimal besuchte ich ein anderes Land.
Dort waren viele Kinder, die draußen in großen, goldenen
Städten spielten. Ich wollte mit ihnen mitspielen, aber sie
sagten mir, daß ich nicht genügend Zeit dafür habe. Das
erste Mal, daß ich dort war, sah ich Kinder mit solch herr-
lichem Spielzeug, daß ich niemals mehr fortgehen wollte.
Sie hatten Instrumente, auf denen sie schöne Musik mach-
ten und Blumen, die man wachsen sehen konnte. Das
zweite Mal sah ich eine große, goldene Stadt voller Kinder.
Sie waren so glücklich. Wir lachten zusammen. Plötzlich
verschwand alles und ich war sehr traurig; denn ich wußte,
daß ich zur Erde zurückkehren mußte.«

B. 64b. Unterminister Johnson sah innerhalb des Lichtes,
dem er nach seinem Autounglück entgegenschwebte, eine
himmlische Stadt mit goldenen Straßen. Er wußte sich im
Himmel. Er traf dort seinen verstorbenen Sohn, der in
Weiß gekleidet war. Dieser bat ihn, nach seiner Rückkehr
gut für seine Mutter, Brüder und Schwestern zu sorgen.
Auch begegnete er seinen Eltern und seinem Schwiegervater. Der letzte schickte ihn zur Erde zurück.

B. 61b. Ritchie wurde nach seiner Gewissenserforschung
von Christus mitgenommen. Er beschreibt seine Erfahrung
wie folgt: »Plötzlich waren wir in einer anderen Welt,
oder besser gesagt, ich sah um mich herum eine ganz andere
Welt, die denselben Raum einnahm. Ich folgte Christus
durch normale Straßen und Landschaften, und überall sah
ich diese andere Existenz, wie auf die uns bekannte Welt
aufgedrückt. Es war mir vergönnt, an dem Abend noch
zwei andere Welten zu sehen. Ich kann nicht sagen ›geistliche Welten‹; denn dafür waren sie zu real. Von der ›wirk-
lichen‹ Welt fing ich nur einen Schimmer auf. Wir schienen
nicht länger auf Erden zu sein, sondern unendlich weit
weg, ohne jegliche Beziehung zu ihr. Und da, noch in wei-

ter Entfernung sah ich eine Stadt, gänzlich aus Licht gebaut, wenn so etwas zu begreifen ist. Ich hatte zu der Zeit
das Buch Offenbarung noch nicht gelesen, im übrigen auch
noch nie etwas über das Leben nach dem Tod. Aber hier
war eine Stadt, deren Mauern, Häuser und Straßen Licht
auszustrahlen schienen, während die Bewohner Wesen waren, ebenso leuchtend wie der ›Eine‹, der neben mir stand.«
B. 59e. Marvin Ford beschreibt diese Lichtstadt, die er
während seines über halbstündigen Totseins besuchte, aus-
führlich. Einige Sekunden nach seinem Sterben sah er die
wunderbarste Stadt, die er je gesehen hatte, mit Millionen
Lichtern. Die Stadt war symmetrisch entworfen, eine Art
Kubus; jede Seite war ungefähr 1500 Meilen lang. Auf
großen Abständen gab es Tore. Jedes Tor war aus einer
gigantischen Perle gemacht. Die Mauern waren aus Jaspis;
ihre Fundamente waren mit Juwelen besetzt. Die goldenen Straßen waren so glatt wie Glas. Quer hindurch konnte Ford in der Tiefe seinen Körper im Krankenhaus liegen sehen, als ob das Krankenhaus kein Dach hätte. In
der Stadt nahm er duftende Blumen und Früchte wahr,
rührte er Säulen und Wohnungen an, und lauschte nach
vokaler und instrumentaler Musik von Chören und Orche-
stern. Nirgendwo gab es Schatten. Aus dem Stadtzentrum
schien ein blendendes, weißes Licht, von einem Regenbogen in auf Erden unbekannten Farben umgeben. Es gab
dort Flüsse, Parks mit Teichen, Vögel und Tiere.
B. 91. Die zu Beginn dieses Kapitels genannte Frau D.,
die durch das Gebet ihres Pfarrers ins Leben zurückgekehrt
war, dankte ihm für sein Gebet. »Ich sprach mit Jesus,
und Er sagte mir, daß ich zurückkehren müßte, um hier
auf Erden etwas für ihn zu tun. Ich sah auch Jim« (ihr kurz
zuvor gestorbener Ehemann). Frau D. durfte das Krankenhaus verlassen. Einige Zeit später wurde sie aufs neue
aufgenommen, um endgültig zu sterben.
Wir hören also von verschiedenen Personen, was sie inner-

halb der Tore gesehen haben: Jesus, Engel und früher Verstorbene, Kultur (Musik, Gebäude), Natur (Bäume, Blumen, Früchte, Vögel). Unter den früher Verstorbenen befinden sich des öfteren auch Kinder. All dies finden wir in weiteren Beschreibungen.

B. 92. Die Holländerin Frau V. verlor während des Bombardements auf Rotterdam ihr Bewußtsein. Dreißig Jahre später erzählt sie (»Hervormd Nederland« vom 28. 3. 1970) über die herrliche Landschaft in den prächtigsten Pastellfarben, die sie damals sah und über den Gesang und die Musik, die sie gehört hatte.

B. 93. In demselben Artikel spricht ein anderer Holländer, Herr K. aus Zeist, über das, was er nach seinem Herzinfarkt erfuhr. Er wußte sich auf einem Weg, der durch grüne Wälder führte. Noch lange Zeit nach seiner Rückkehr ins Leben fand er alle irdischen Farben abscheulich.

B. 94. Frau B., ebenfalls eine Holländerin, die sich auf der Grenze zwischen Leben und Tod befunden hatte, sprach danach über prachtvolle, grüne Gärten mit vielen Blumen, Vögeln und klaren Bächen, mit feinen, weißen Hekken abgezäunt.

B. 95. Frau Margaret Bell bekam nach einer Operation eine Herzstörung. Durch eine Dämmerung hindurch fühlte sie sich einer gigantischen, prachtvollen Mauer entgegenschweben. Sie wußte sich im Himmel. Alles war wie in ein goldenes Licht getaucht. Sie sah grüne Täler, weiße und rose-alabasterne Häuser und darüber ein kolossales Gebäude. Dann kehrte sie in ihren Körper zurück.

B. 96. Nachdem Alice Parker 1944 an den Komplikationen einer Gallenblasenoperation gestorben war, fühlte sie sich emporschweben und nahm den lieblichen Duft von Rosen und Flieder wahr. Sie hörte sanfte Harfenmusik.

B. 59f. Marvin Ford sah Häuser, die die Form von Miniaturthronen hatten. Sie waren aus Marmor und Gold und voller kostbarer Steine und Juwelen.

Von Marietta Davis und Rebecca Springer haben wir ausführliche Beschreibungen. Dies sind die Mädchen, die lange Zeit im Koma waren.

B. 76a. Marietta wußte sich von einem leuchtenden Engel emporgeführt. Dieser gab ihr allerlei Auskünfte. Sie sah, wie ein anderer Engel ein Kind zum Verbleib für die allerjüngsten Kinder zum Paradies des Friedens trug. Danach kam sie zu einer Ebene; dort standen Obstbäume und sangen Vögel. Sie hörte, daß dort die gerade Angekommenen ihren ersten Unterricht über das Leben in der Ewigkeit bekamen und ihren Familienangehörigen begegneten. Danach führte der Engel sie weiter hoch, zur Stadt des Friedens. Sie sah ein Tor aus Jaspis, das mit Diamanten geschmückt war. Frühere Bekannte begrüßten sie. Später erinnert sie sich, daß die Gespräche nicht in menschlicher Sprache, sondern durch Gedankenübertragung stattfanden. Sie bemerkte, daß im Himmel nichts verborgen und alles harmonisch ist. Es gab kein Alter. Sie sah eine Schar Märtyrer. In Brusthöhe hatten sie ein Kreuz auf ihrer weißen Kleidung. Auf einer Pyramide waren die Namen der Märtyrer eingemeißelt. Sie kam auch in ein spezielles Kinderparadies, eine eigene Stadt inmitten einer Ebene voller Blumen, mit Straßen, Bildhauerwerken und Springbrunnen, mit Bäumen und bunten Vögeln. Alleen führten zu einem gemeinschaftlichen Zentrum: eine Kuppel über einem runden Raum. Die Kinder erhielten dort Unterricht, bis sie zum Jugendparadies gehen, so wurde ihr erklärt ...
Sie sah, daß die Kinder eins waren, ohne Egoismus und Eifersucht, voll heiliger Liebe. Über einen Weg aus Regenbogen durfte Marietta bis über die Lichtstadt gehen. Sie sah die Stadt durch einen Fluß in zwölf Bezirke verteilt und jeden Bezirk durch Alleen wieder in zwölf Viertel unterteilt, so daß es im ganzen 144 Viertel gab.

B. 69b. Auch Rebecca wußte sich im Paradies. Sie sah Gras, Blumen, Bäume mit Blüten und Früchten. In Weiß gekleidete Kinder lachten und spielten. Sie sah längs eines Flusses prächtig gebaute Häuser an Straßen aus Perlen liegen. Ihr fiel auf, daß alles rein war, ohne Staub oder Schmutz. Es gab keine Sonne, nur ein rosa-goldenes Licht, das dem Licht eines Sonnenuntergangs im Sommer glich. Ihr früher verstorbener Schwager führte sie durch einen Fluß. Auch unter Wasser konnte sie atmen und sprechen. Der Schwager erklärte ihr, daß das Wasser den Schmutz des irdischen Lebens abwaschen würde. Sie kam in Häuser aus Marmor und erkannte Kinder und Erwachsene, die verstorben waren. Sie sah Kinder Blumen pflücken während sie sangen: »Oma kommt, Oma kommt!« Verschiedene Verwandte schienen in himmlische Chöre und Orchester aufgenommen zu sein. Eine Cousine führte sie weiter rund. Sie sah Boote auf einem See und in der Ferne eine andere Stadt. Sie fuhren dieser Stadt entgegen. Das Boot bewegte sich von selbst. In dieser anderen Stadt sah sie Schulen, Geschäfte, Fabriken, Bibliotheken, Kunstgeschäfte und Auditorien. Sie stellte fest, daß Alte wieder jung und Kranke gesund geworden waren. Sie merkte auch, daß es im Himmel keine Abstände gibt: man geht und kommt wohin man will. Sie sah einen Himmelssee, an dessen Ufer viele die Ankunft Geliebter erwarteten. Nie war es dort Nacht, es gab höchstens ein Dämmerlicht, bemerkte sie.

In diesen Zeugnissen hören wir wiederholt, daß es nicht nur kurz nach dem Augenblick des Sterbens ein Wiedererkennen früher Verstorbener gibt, sondern auch bei oder nach der Ankunft in der Lichterstadt. Manche hören von den sie begleitenden Engeln, daß eine Zeit des Lernens und des Wachstums anbricht. Viele erfahren: man ist noch nicht so weit; der Entwicklungsstand, den man auf Erden hatte, ist der Ausgangspunkt für die weitere Entwicklung.

B. 69c. »Das Jenseits ist die Fortsetzung des Diesseits«, folgert Rebecca Springer. Je reiner wir auf Erden gelebt haben, einen desto höheren Rang werden wir im Himmel bekommen. Sie sagt, daß sie im Himmel Bücher gesehen habe, die dazu dienen, Neuankömmlinge zu belehren. Sie entdeckte, daß ihr Vater die spezielle Aufgabe hatte, Menschen, die sich erst auf ihrem Sterbebett bekehrt hatten, näheren Unterricht zu geben. Ihr Vater ernannte ihren Schwager, einen Oberst Sprague, zu ihrem Vormund und Lehrer. Rebecca beschreibt auch, daß es im Himmel höhere und untere Regionen gibt. In der unteren Region traf sie einen Mörder an, der kurz vor dem Vollzug seines Todesurteils Reue über seine Tat bekommen hatte. Er wohnte in einem großen Gebäude. Die Ermordete, seine eigene Mutter, hatte die Aufgabe, ihren Sohn weiter emporzuführen.

B. 76b. Marietta Davis hatte ähnliche Eindrücke. Sie sah, daß Kinder, je nach ihren Anlagen, in Gruppen eingeteilt wurden. In den Grenzgebieten des Paradieses, so berichtet sie, bekommen Verstorbene ihren ersten Unterricht über das ewige Leben und lernen himmlische Loblieder. Sie sah Engel diejenigen bedienen, die sich noch in einem niedrigen Status befanden.

B. 59g. Marvin Ford stellte fest, daß zwischen den Bewohnern des Himmels Unterschiede bestehen, je nach ihrer geistlichen Entwicklung. Sie, die die höchsten Ebenen bewohnen, strahlen das hellste Licht aus. Sie müssen es dämpfen, damit diejenigen, die auf den niederen Ebenen wohnen, sie sehen können.

Aus den von ihm gesammelten Zeugnissen folgert auch Moody, daß viele überzeugt sind, daß die Entwicklung der Seele nicht mit dem Tode aufhört, sondern weitergeht, so daß neue geistliche Fähigkeiten zu erkennen und zu lieben erworben werden. Vielleicht, so meint er, dauert diese Entwicklung ewig. Jedenfalls findet sie während einer bestimmten Periode statt und geht bis in eine Tiefe, die wir kaum erahnen können.

B. 60c. Zu dieser Schlußfolgerung kommt auch Frau Ruopp. Sie vergleicht die Sterbenserfahrung mit der Geburt eines Kindes. Wenn das Baby vor seiner Geburt unvollständig oder gebrechlich ist, ist es nicht für die Welt, in der es zurechtkommt, vorbereitet. So können auch weder Seele noch Geist von Menschen, die in diesem Leben unterentwickelt bleiben, in der höchsten Form des Lebens frei funktionieren. »Es überkam mich eine große Sicherheit, daß jemand in der nächsten Welt dort beginnt, wo er war, als er dieses Leben hier verließ.« Sie sieht nun den Tod als »eine natürliche Umwandlung in eine andere Lebensphase, in der man fröhlich weiterwächst, wenn man dazu in der Lage ist. Man geht von einem Unterrichtsraum in den nächsten, der genau so real und wichtig ist.«

Wir haben gesehen, daß viele bereits an ihrem Sterbebett die Gegenwart Jesu erfahren und andere die Lichtgestalt, der sie begegnen, mit Ihm identifizieren. Im vorhergehenden haben wir auch gehört, daß verschiedene nach ihrer Ankunft in der Lichtstadt eine Begegnung mit Ihm haben. Über eine Begegnung mit Gott hören wir höchst selten (vgl. jedoch B. 32). Einige sehen nur seinen Thron. Über eine Begegnung mit Jesus geben wir noch einige Zeugnisse.

B. 56a. Der Indianer, der aus dem Tode auferweckt wurde, sagte: »Ich bin bei Jesus gewesen.«

B. 54a. Das Zulu-Mädchen Lydia Thofozi, das aus dem Tod zurückkehrte, erzählte, daß sie an einem herrlichen Ort Jesus gesehen habe. Auch hatte sie viele Gläubige, in schneeweiße Gewänder gehüllt, wahrgenommen. Überall herrschte vollkommene Harmonie. Jesus war das Licht, das alles durchdrang. Er hatte zu ihr gesagt: »Ich will dich noch einmal zur Erde zurücksenden.«

B. 97. Der Frauenarzt Richard Eby fiel aus der zweiten Etage nach unten. Nach seiner Rückkehr aus dem klinischen Tod erzählte er, daß er mit Jesus im Himmel gewesen sei. Er war sich dort der »Allgegenwart« Jesu bewußt geworden. Sein Eindruck war, daß es im Himmel keine Zeit gebe, noch irdische Dinge wie Nahrung, Blut und

Sauerstoff. Alles war von einem erfrischenden Aroma durchdrungen.

B. 98. Mit 63 Jahren starb Dr. Hunt. Die Ärzte legten ihn ins Leichenhaus. Hunt war Schatzmeister einer christlichen Organisation gewesen, die sich für Alkoholiker und Drogensüchtige einsetzte. Er fühlte, wie sein Geist seinen Körper verließ. Er hörte Engel singen und hatte eine Begegnung mit Jesus. »Herr, ich habe noch keinen Nachfolger«, sagte er zu Jesus. Der Herr schickte ihn zurück. Eine Schwester sah, daß sich etwas unter dem Laken bewegte. Hunt lebte wieder.

B. 99. Martensen-Larsen berichtet über eine junge Frau, die einige Stunden tot gewesen war. Ein Pfingst-Evangelist befahl dem Tod, von ihr zu weichen. Die Tote kam danach ins Leben zurück und begann, Gott zu preisen. Sie erzählte: »Als ich in meinem Bett lag, fühlte ich den Tod über mich kommen. Auch fühlte ich, daß in einem bestimmten Augenblick meine Seele den Körper verließ und wegging. Ich konnte und wollte es auch nicht verhindern; denn meine Seele kam in eine unbeschreibliche Weite, in der ich bleibenden Frieden haben konnte. Während ich dort blieb, ich weiß nicht wie lange, sah ich plötzlich Jesus in seiner ganzen Herrlichkeit auf mich zukommen. Diese Herrlichkeit kann ich nicht beschreiben. Er sprach mit mir und schickte mich zurück, damit ich von ihm zeugen würde. Durch die Kraft seines Wortes kehrte meine Seele in meinen Körper zurück. Erfüllt von der Herrlichkeit, die ich gesehen und empfangen hatte, erwachte ich und begann zu singen, zu prophezeien, in Sprachen zu reden und den Herrn zu loben und zu danken.«

Auch Marietta Davis und Rebecca Springer erzählen über Begegnungen mit Jesus während ihres Komas.

B. 76c. Marietta wurde von Engeln zu Jesus gebracht. Sie wußte sich unwürdig, Ihm zu begegnen. Sie sah ihn mit einer Krone auf dem Haupt. Kurz vor ihrer Rückkehr zur

Erde sah sie Ihn noch einmal. Dabei erhielt sie den Auftrag, auf Erden zu erzählen, was sie gehört und gesehen
hatte.

B. 69d. Rebecca Springer begegnete einem Fremden, den
sie zuerst für den Apostel Johannes hielt. Es war jedoch
Jesus, der sich selbst ihr »älterer Bruder, ihr Freund«
nannte. Es folgten noch einige Begegnungen. Ebenso wie
Marvin Ford, sah sie Gottes Thron. Sie sprach über einen
Tempel aus Perlen mit goldenen Säulen. Wesen sangen
»Heilig, Heilig, Heilig«. In diesem Tempel entsprang die
Quelle des Lebens. Sie hörte, daß dieser Tempel Gottes
Thron ist. Bevor sie zur Erde zurückkehrte, bekam sie den
Befehl, über einige Dinge zu schweigen.

B. 100. Über diese Schweigepflicht hören wir auch von
Will Hilty, einem jungen Mann, der mit einundzwanzig
Jahren an einer Lungenentzündung starb, und zwar an
dem Tage, den er selbst vorausgesagt hatte. Sein Bruder
rief ihm zu: »Will, sterbe noch nicht!« Für einen Augenblick kehrte Will zum Leben zurück. Er flüsterte: »Mutter,
John, weint nicht um mich. Ich bin bei Jesus gewesen und
die Herrlichkeit und das Wunder sind so groß! Euer Ver-
druß schmerzte mich und ich bat um Erlaubnis, zurückkehren zu dürfen und euch zu bitten, froh zu sein. Ich mußte
versprechen, euch nichts über die Geheimnisse zu erzählen,
die Gott seinen Heiligen bereitet hat; aber ich will, daß ihr
wißt, daß es viel, viel wunderbarer ist als alles, was ihr
euch vorstellen könnt.« Danach nahm er aufs neue Abschied
von seiner Familie und starb endgültig.

F. Ein Bereich der Finsternis

Bis jetzt hörten wir in diesem Kapitel ausschließlich über
positive Erfahrungen. Wir hörten auch, daß ein Forscher

wie Moody zu der Schlußfolgerung kam, daß niemand die Hölle oder Dämonen gesehen habe. Wir sahen aber auch, daß er seine anfängliche Meinung, niemand habe Tore oder Straßen gesehen, revidieren mußte, und in seinem zweiten Buch nahm er ein Kapitel »Judgment« (Urteil) auf. Übrigens auch in seinem ersten Buch widersprach Moody sich selbst. Er erwähnt, daß Menschen, die Selbstmordversuche unternommen hatten, unangenehme Erfahrungen hatten. So berichtet er über einen Mann, der nach dem Verlust seiner Frau seinem Leben ein Ende setzen wollte und hinterher sagte: »Ich ging nicht dorthin, wo meine Frau ist, sondern an einen schrecklichen Ort.« Moody weiß auch von anderen, die berichteten: »Wir müssen hier lange bleiben zur Strafe, weil wir die Regeln gebrochen und gegen Gottes Plan gelebt haben.«

Auch Dr. Rawlings teilt mit, da er nach mißglückten Selbstmordversuchen über unangenehme Erfahrungen gehört hat. Ein anderer Autor, David Wheeler, berichtet über Zurückgekehrte: »Einige kehrten voller Entsetzen zurück. Manche waren der Überzeugung, daß sie einen Besuch in der Hölle gemacht hatten und zu ihrem Glück in dieses Leben zurückgebracht waren. Andere erinnerten sich nicht deutlich an die Zeit ihres ›Totseins‹, aber etwas beeindruckte negativ ihr Unterbewußtsein und blieb dort haften.«

Eine Anzahl Sterbender nahm Finsternis und Dämonen als Realitäten wahr; das gleiche gilt für aus dem Tod oder aus einem Koma Zurückgekehrte. Im folgenden einige Beispiele.

B. 101. Ein Zeugnis aus dem vorigen Jahrhundert finden wir in Zündels Biographie über Pfarrer Johann Christoph Blumhardt. Nach einem mißglückten Selbstmordversuch verblieb eine Dame in Blumhardts Pfarrhaus in Möttlingen. Sie war geisteskrank, depressiv. Sie unternahm einen neuen Selbstmordversuch; sie hing sich an ihrem Schal auf.

Blumhardt stellte ihren Tod fest. Er betete und blies ihr seinen Atem ein. Ein Arzt stellte fest: »Für uns ist sie tot.« Aber unter beinahe tierischem Gebrüll kam sie zu Bewußtsein. Sie hielt einen Mitarbeiter Blumhardts für ihren verstorbenen Mann und sagte: »Ich war auch gestorben, ich war in der Hölle, aber der Pfarrer, der gute Mann, hat mich wieder herausgerufen. In die Hölle will ich nicht mehr.« Danach sah sie augenscheinlich Gestalten, die sie bedrohten und rief: »Weg mit euch. Ich will nicht mehr in die Hölle. Sie wollen mich in die Hölle bringen.« Danach schlief sie ein. Nach ihrem Erwachen war sie geistig normal; sie wußte noch von ihrer Erfahrung.

Aber auch aus diesem Jahrhundert gibt es allerlei Berichte.

B. 53a. Das erste, was der nach zwei Tagen aus dem Tode auferweckte Mann aus Timor sagte, war: »Ich werde euch etwas erzählen. Erstens: Das Leben endet nicht mit dem Tod. Ich war zwei Tage tot; ich habe es erfahren. Zweitens: Hölle und Himmel sind Realitäten. Auch das habe ich erfahren. Das dritte, was ich sagen will, ist: Wenn du Jesus nicht in deinem Leben findest, wirst du niemals in den Himmel eingehen. Du wirst dann zur Hölle verurteilt werden.«

B. 61c. Soldat Ritchie erlebte nicht nur Schönes. Er sah auch eine Welt Verlorener, die einander fortwährend brüllend bekämpft.

B. 102. Andrew Kosh, dessen Herz stehengeblieben war, erzählt: »Ich rannte einen langen Weg nach unten. Plötzlich gab es eine Kreuzung: ein Weg führte über einen langen Abhang nach unten, ein anderer ging nach oben. Ich beschloß, den Weg nach unten zu nehmen. Ich hatte schon immer geahnt, daß ich in der Hölle zurecht kommen würde. Nach einem endlos langen Weg, so schien mir, sah ich eine große Anzahl Menschen, alle ohne Gesicht, die sich in einer Arena fortbewegten. Verschiedene Stimmen riefen mir zu: ›Du gehörst hier nicht hin.‹ Dann kletterte ich mühsam nach oben.« Kosh erzählt, wie er schließlich die weit geöffneten Himmelstore sah, aber Torwächter waren damit beschäftigt, die Tore zu schließen. Als er das Tor erreichte, war es geschlossen. Dann hörte er eine Stimme rufen: »Es ist nicht deine Zeit.«

B. 67b. Der Kanadier Godkin berichtet, daß er auch zur Hölle geführt wurde. Er nannte es »einen Ort der Strafe für alle, die Jesus Christus verwerfen«. Er fühlte die Qual, die alle, die dorthin gehen, erfahren werden und spricht über eine erdrückende Finsternis, die ein Gefühl der Einsamkeit gibt, und über eine trockene Hitze, bei der man sich wie in einem weißglühenden Ofen fühlt.

B. 78b. Elisabeth Bossert erzählt, daß sie, nachdem sie einige Zeit im Himmel war, hörte, wie der Herr sie hieß, nach unten zu schauen. Sie sah die Erde als eine kleine Kugel, von einem dichten Schwarm Dämonen umgeben.

B. 103. Der bekannte deutsche Schauspieler und Filmstar Curd Jürgens erlebte die Hölle während einer Herzoperation in Houston. Er merkte, daß verzerrte Gesichter auf ihn niederschauten. Voller Entsetzen sah er Feuerflammen um sich herum. Ein Frau mit einem schrecklichen Blick in ihren Augen zog ihn in eine Welt voller Wehklagen.

B. 104. Der Kardiologe Maurice Rawlings, den wir bereits zitierten, hatte seine erste Erfahrung auf diesem Gebiet, als er jemanden, der klinisch tot war, zu reanimieren versuchte. Plötzlich rief der Mann: »Mach weiter!« Rawlings hatte die Erfahrung, daß die Patienten den Arzt meistens bitten aufzuhören, weil es so schmerzt. Dieser Mann wollte aber unbedingt ins Leben zurückkehren. »Warum willst du nicht, daß ich damit aufhöre?« fragte Rawlings. »Ich bin in der Hölle«, schrie der Mann. »Du meinst, du hast Angst, in die Hölle zu gehen?« Der Mann antwortete mit Angst in seinen Augen: »Nein, ich bin in der Hölle, laß mich nicht zurückgehen. Wie kann ich aufhören, in der Hölle zu sein?« »Ich bin kein Pfarrer«, sagte der Arzt, während er die Herzmassage fortsetzte. Als der Mann jedoch seine Frage wiederholte, schlug Rawlings ihm vor, ein Gebet aus der Kinderzeit auszusprechen: »Herr Jesus, vergib mir meine Sünden und lebe in mir. Wenn Du mein Leben bewahrst, will ich mit Dir verbunden bleiben; wenn Du mein Leben nimmst, nimm mich dann in Deinen Himmel auf.« Daraufhin starb der Mann aufs neue. Rawlings mußte ihn verschiedene Male zum Leben zurückbringen. Hinterher wußte der Mann nichts mehr von seiner Begegnung mit der Hölle, wohl aber, daß er gebetet hatte. Rawlings war jedoch durch dieses Erlebnis so beeindruckt, daß er, der Religion stets für Hokuspokus gehalten hatte, anfing, die Bibel zu lesen. Danach erlebte er öfter, daß klinisch Tote hinterher über ein Licht, eine Weidenfläche, eine Stadt, aber auch über ein Gefängnis, eine Felsenhöhle oder ein Feuer, über unheimliche Wesen und einen durchdringenden Gestank erzählten. Rawlings wurde dadurch überzeugt, daß es ein Leben nach diesem Leben gibt, daß dies aber nicht immer ein gutes Leben ist.

Auch Marietta Davis warf während der Tage, in denen sie sich im Koma befand, einen Blick in finstere Gebiete.

B. 76d. Ein Engel erzählte Marietta, daß Verstorbene so bleiben, wie sie auf Erden waren. Viele sah sie in ihrem Todeskampf, und um jeden Sterbenden sah sie verschiedene Arten Geister zusammenkommen. Ihr Wesen stimmte mit der innerlichen Art der Sterbenden überein. Sie nahm einen Zwischenzustand wahr, eine Art Vorhalle, in der sowohl heilige als auch gottlose Engel anwesend waren. Sie stellte fest, daß Menschen nach ihrem Tod zu einem Ort gezogen werden, der ihrer eigenen Art entspricht: Menschen, die das Gute liebten, sah sie zu einem Ort voller Herrlichkeit, der oberhalb der Zwischenstation lag, gezogen, und Menschen, die gottlos gelebt hatten, in finstere Gebiete transportiert werden. Später mußte Marietta diese Gebiete besuchen. In unterirdischen Gewölben sah sie schreckliche Geistererscheinungen, die vom Feuer ihrer Leidenschaften umhüllt waren. Sie sah viele, die stolz mit Gewändern und Zierat prunkten, Menschen, die praßten, lästerten und fluchten. Aus Feuerflammen stiegen Dämpfe empor. Jeder Gegenstand wurde versengt, wenn er berührt wurde. Brunnen stießen geschmolzenes Blei empor. Marietta traf eine Frau, die sie auf Erden gekannt hatte. Diese sagte: »Hier wohnen die, die den Heiland verleugnet haben. Die Existenz hier ist ein großer Schein. Bei meinem Tod ging ich in die Richtung, die von meinem Verlangen, das mein Leben beherrschte, bestimmt wurde. Ich bin nun in dem Zustand, der mit meinem Innern übereinstimmt. Ich wurde von den anderen willkommen geheißen. Eine fremde Macht nahm Besitz von meinem Denken. Alles ekelte mich an und verursachte Schmerzen, mein Begehren aber bleibt unbefriedigt. Nun bin ich eine Sklavin chaotischer und betrügerischer Elemente. Hier gilt Ungerechtigkeit als höchstes Gesetz. Hier sind die Ausbeuter, Menschen, die ihrem Glauben untreu wurden, Ehebrecher, Mörder und Selbstmörder. Wir haben uns unser Los selbst zuzuschreiben, weil wir Gottes Gebote übertreten haben.«

Marietta traf in dieser Finsternis noch mehr Geister, die sie von früher kannte. In einem noch tieferen Abgrund fand sie Wesen, die noch schlimmer dran waren. Sie war Zeugin eines Schein-Gottesdienstes, der von einem von Pein gequälten Lügenprediger geleitet wurde. Das ganze Publikum trieb Spott mit seiner Seelenqual. Marietta hörte eine Stimme, die sagte: »Gott hat ihnen seine Gnade angeboten und sie haben sie verworfen. Sünde führt zum Tod. Man bleibt in dem Zustand, den man auf Erden wählte. Wer nicht von Liebe beseelt ist, verfällt der Anziehungskraft des Bösen. Er ist nicht aus Gott geboren und vermißt Seinen Schutz.« Als Marietta von diesen dunklen Orten wieder zurück ins Paradies kam, mußte sie sich erst einer Reinigung unterziehen.

G. Die Rückkehr

Die ungefähr fünfzig Menschen, über deren Erfahrungen wir berichtet haben, sind selbstverständlich alle, sei es aus dem klinischen, sei es aus dem absoluten Tod oder dem Koma zurückgekehrt. Wie haben sie diese Rückkehr erlebt und inwiefern haben ihre Erfahrungen ihr weiteres Leben beeinflußt?

Manche waren sich bewußt, daß das Gebet anderer eine Rolle bei ihrer Rückkehr gespielt hat. Über die Art des Eintretens in den Körper weichen die Zeugnisse voneinander ab; der eine meint, daß er durch den Kopf oder Mund in seinen Körper zurückgekommen ist, ein anderer, daß er durch die Brust und ein einzelner, daß er durch die Füße eingetreten sei. Fast alle haben jedoch das »Muß« der Rückkehr, ob durch den gleichen Tunnel, den man beim Verlassen des Körpers benutzt hatte, oder nicht, als unangenehm erfahren. Viele sagen, daß sie als erste Sensation den Schmerz ihrer Krankheit oder des verwundeten Körpers gefühlt haben. Wir hören wieder einige Zeugnisse.

B. 60d. Frau Ruopp fühlte sich vom Fenster weggezogen, durch das sie die Herrlichkeit hatte sehen können. »Nach einer langen Reise durch den Korridor kehrte ich ins Bett zurück, auf dem mein bewegungsloser Körper lag und mit dem der Arzt und die Schwestern beschäftigt waren. Widerwillig trat ich durch das ein, was mir die natürliche Tür erschien, eine weiche Stelle oben auf meinem Kopf. Ich fragte mich, warum ich zurückkehren mußte. Mußte ich wohl zurück? Würde ich den schwachen Körper je wieder in Bewegung bekommen können?« Sie hörte die Schwester ausrufen: »Sie kommt zu sich. Es hat fünfzehn Minuten gedauert!« Vergeblich versuchte sie, sich ihres Namens zu erinnern. »Andere Namen kamen mir ins Gedächtnis: Harold, und danach Phipsy (ihr vierjähriges Söhnchen). Sie waren die Leinen, die mich zurückgezogen hatten.

Dann erinnerte ich mich meines eigenen Namens: Julia.«
B. 64c. Unterminister Johnson fühlte sich zur Erde zurückgezogen. Er wußte, daß seine Frau Juanita für seine Rückkehr ins Leben betete; aber er wollte nicht in seinen schmerzenden Körper zurückkehren. Aufs neue sah er die Szene des Autounglücks. Er erzählt: »Plötzlich fühlte ich mich sehr schwer, als ob jemand eiserne Gewichte auf mich gelegt hätte. Als ich meinem Körper entgegenschwebte, wurde ich mir des wachsenden Schmerzes bewußt. Ich war in meinem Körper zurück. Die Rettungsbrigade war noch damit beschäftigt, mich aus dem Wrack zu ziehen.«
B. 59h. Nachdem Pfarrer Wilkerson die Todesmacht beschworen und zurückgewiesen hatte, fühlte Marvin Ford sich wie von einem Magneten zur Erde zurückgezogen. Mit einem Schock kehrte er in seinen Körper zurück. Das erste, dessen er sich bewußt wurde, war, daß sein Körper kalt war.

Viele sprechen nach ihrer Rückkehr ehrlich aus, daß sie nach ihrer Rückkehr nicht glücklich sind, da sie lieber in der von ihnen erfahrenen Herrlichkeit und in dem Licht geblieben wären. In dieser anderen Dimension, so berichten sie, hatten sie nicht nur keine Schmerzen mehr, sie hatten auch das Bewußtsein, nach Hause gekommen zu sein. Sie hatten dort besser sehen, hören und begreifen können als je auf Erden. Und außerdem, so stellt Moody fest, wollte man den direkten Kontakt mit der Lichtgestalt festhalten. Man akzeptierte die Rückkehr vor allem um der Familie willen.

B. 105. Martensen-Larsen erzählt von einem Wirt, der während eines Typhusanfalls länger als drei Wochen wie tot war; jegliches Gefühl war weg und seine Glieder waren eiskalt. Als er aus dem Koma erwachte, hörte er seine Frau sagen: »Gott sei gelobt, Vater kommt zu Bewußtsein.« Der Mann antwortete: »Nein, Kinder, dafür müßt ihr Gott nicht danken. Ruft mich doch nicht in diese elendige

Welt zurück, fort aus der himmlischen Wirklichkeit, in die ich aufgenommen war.«

B. 106. Ein dänischer Pfarrer, vom Rande des Todes zurückgekehrt, drückte seine Gefühle folgendermaßen aus: »Es war mir ein Schmerz, eine Enttäuschung, ins Leben zurückzukehren. Das Gefühl blieb jahrelang bestehen. Ja, eigentlich bin ich nie darüber hinweggekommen. Ich konnte mich in der Welt niemals mehr so zu Hause fühlen wie früher. Oft verspüre ich ein Heimweh nach dem Morgen, an dem der Nebel aufsteigen wird und ich Ihn von Angesicht zu Angesicht sehen werde.«

B. 60e. Noch einige Tage lang blieb für Frau Ruopp die andere Welt realer als die Welt, in die sie gerade zurückgekehrt war.

Wir sahen bereits, daß in verschiedenen Fällen die Ärzte über das Fehlen von Gehirnschäden und die oft schnelle Genesung der Zurückgekehrten erstaunt waren (siehe B. 54, 65a, 71a, 75a, 84, 85, 88 und 89). Wir geben noch einige weitere Beispiele.

B. 61d. Der Soldat Ritchie war von seinem Arzt für tot erklärt worden. Neun Minuten später kam der Soldat, der Ritchie für das Leichenhaus fertig machen sollte, zum Arzt gerannt und bat ihn, Ritchie eine Adrenalinspritze zu geben. Später sagte der Arzt zu Ritchie, die Tatsache, daß er ohne jeglichen Gehirnschaden und andere Komplikationen ins Leben zurückgekehrt war, sei das Erstaunlichste in seinem ganzen Leben gewesen.

B. 59i. Auch Marvin Ford, der gleichfalls vierzig Minuten tot war, hatte keinerlei Gehirnschaden erlitten.

B. 64d. Im Krankenwagen hatte der zum Bewußtsein zurückgekehrte Unterminister Johnson darum gebetet, noch am gleichen Tag vollkommen geheilt zu werden. Als er an dem Tage nach Hause gehen wollte, erklärten ihm die Ärzte, daß dies unmöglich sei; Röntgenaufnahmen bestätigten, daß sein Genick gebrochen war. Sein rechter Arm und sein rechtes Bein waren gelähmt, was auf einen Gehirn-schaden deutete. Die Ärzte sagten Johnson, daß er einige Zeit im Krankenhaus verbringen müßte und dann noch zwölf bis sechzehn Monate Physiotherapie nötig haben würde. Aber direkt danach konnte Johnson seinen Arm und sein Bein bewegen. Plötzlich zog der Schmerz weg. Daraufhin erlaubten ihm die Ärzte, zu gehen. Durch das, was sie gesehen hatten, kamen der Chauffeur des Kran-kenwagens und ein Arzt zum Glauben an Jesus Christus.

B. 58a. Dr. Michael Esses starb nach einem Herzanfall. Der Totenschein war bereits ausgestellt. Auf das Gebet einer Krankenschwester hin kam er ins Leben zurück. Seine Temperatur und sein Herzschlag waren normal; die dop-pelte Lungenentzündung war verschwunden; Zeichen von Embolie waren nicht vorhanden.

Ab und zu stellten wir fest, daß Menschen mit einem Auf-trag zur Erde zurückgesandt wurden (B. 71b, 80, 99, 76d). Wir geben hierüber noch einige Beispiele.

B. 59j. Kurz vor seiner Rückkehr bekam Marvin Ford den Auftrag, sich dem Heer Jesu Christi anzuschließen und erhielt die Verheißung, daß Zeichen und Wunder seinen Dienst begleiten würden.

B. 107. Der Geschäftsmann Jewel Rose war von seinen Ärzten aufgegeben worden. Auf das Gebet von Freunden kehrte er ins Leben zurück. »Ich besuchte das herrliche Tor«, erzählte er seiner Frau. »Ich wollte eintreten, aber der Herr schickte mich zurück, um das Evangelium zu ver-kündigen und von seiner Herrlichkeit zu zeugen.« Er hatte dabei den Eindruck, daß er noch sieben Jahre dafür Zeit haben würde. Tatsächlich starb er nach diesem Zeitraum.

B. 108. Agnes Sanford begegnete in Alaska einer Indiane-rin. Diese erzählte ihr, daß sie schon einmal gestorben sei. Im Himmel sei ihr Jesus begegnet, der gesagt habe, daß sie noch einige Zeit zur Erde zurück müßte, um eine Aufgabe für ihn zu erfüllen. Danach hatte sie das Gefühl gehabt, einen Abhang hinabzulaufen und am Fuß des Hügels ein Häuschen zu sehen. Sie erkannte das Häuschen als ihr eigenes. Sie sah ihren Körper darin liegen und kehrte in ihn zurück.

Einige, die an finsteren Orten gewesen waren, so berichtet Dr. Rawlings, wußten sich mit dem Auftrag zur Erde zurückgesandt, anders zu leben und andere vor ihrem zukünftigen Los zu warnen, das sie erwartet, wenn sie sich nicht zu Jesus bekehren würden. Ein Mädchen, das sich nach einem Selbstmordversuch in der Hölle wähnte, wurde später Missionarin.

Nicht nur, daß viele Zurückgekehrte glauben, sie würden nun besser hören, sehen und begreifen als vor dieser Erfahrung; für sehr viele bedeuten diese Erlebnisse auch eine totale Änderung ihres Lebens. Alle Autoren bestätigen das. Dr. Teunissen konstatiert, daß bei den aus dem Tode Zurückgekehrten jeder frühere Zweifel an ein Leben nach dem Tode geschwunden sei. Martensen-Larsen bestätigt, daß sich viele, ob christlich erzogen oder nicht, zu Gott bekehrten. Auch Dr. Rawlings erlebte, daß niemand, ob er nun gute oder schlechte Erfahrungen gemacht hatte, Atheist oder Agnostiker geblieben sei. Moody drückt sich schwächer aus, aber auch er stellt kennzeichnende Veränderungen fest. Er ist der Meinung, daß vieler Leben vertieft wurde. Viele beschäftigten sich nach ihrer Rückkehr mit philosophischen Fragen, wie z.B. »Was habe ich mit meinem Leben getan, und was werde ich mit ihm tun?« Das Leben ist wertvoller geworden. Man kann sich besser in Menschen und ihre Nöte einfühlen. Fast alle sprechen über die Notwendigkeit, den Mitmenschen mehr Liebe zu schenken und in größerer Harmonie mit der Lichtgestalt zu leben. Alle ahnen, daß man noch sucht und versucht wird. Einer echten moralischen Reinigung begegnete Moody jedoch nicht.

Wilkerson äußert sich sehr positiv. Er stellte bei aus dem

Tode zurückgekehrten Christen folgende Persönlichkeits-
veränderungen fest:

1. Sie leben aus einer anderen Perspektive und mit einer
   neuen Wertskala. Gott steht nun an erster Stelle und
   dann erst kommen Familie, Kirche und Beruf.
2. Sie nehmen sich mehr Zeit für ihre Familie als früher.
3. Sie sind nicht mehr vom Materialismus besessen.
4. Sie haben eine größere Empfindsamkeit für den Heiligen Geist, der nun intensiver durch sie hindurch wirkt.
5. Sie erhalten öfter eine Geistesgabe sowie ein Wort der
   Erkenntnis, wodurch sie eine tiefere Einsicht in die Not
   des Nächsten gewinnen.
6. Sie sehen die Welt von einer höheren Warte aus.
7. Sie ängstigen sich nicht mehr vor dem Tod.
8. Ihr Charakter ist weicher geworden, ruhiger, mit mehr
   Sorge für ihre Mitmenschen.
9. Sie besitzen größere Lebensfreude als früher.

Wir sahen bereits, daß der Evangelist Mills nach seiner
Erfahrung seinen Groll gegen seinen Konkurrenten auf-
gab, Frau Harrington ihr ganzes Leben änderte, der
Schwerverwundete bei Martensen-Larsen ein anderer
Mensch wurde und Dr. Rawlings sich in die Bibel vertiefte
(B. 80, 81, 82, 104). Wir fügen noch einige Beispiele hinzu.
B. 61e. Aus dem lauen Christen Ritchie wurde ein Mensch,
dessen Leben in Christus sein Zentrum gewann. Zwanzig
Jahre nach seiner Erfahrung schrieb er: »Nun weiß ich,
warum ich die Gelegenheit bekommen habe, zurückzukehren. Es war, um Arzt zu werden, dadurch die Menschen
besser kennenzulernen und um Gott zu dienen. Jedesmal,
wenn ich die Gelegenheit hatte, unserem Herrn zu dienen,
indem ich einem Erwachsenen mit einem gebrochenen Herzen half, einem verletzten Kind oder einem Teenager einen
guten Rat geben durfte, war ich mir tief im Inneren bewußt, daß Er neben mir stand.«
B. 58b. Dr. Esses erfuhr eine Persönlichkeitsveränderung.

War er früher sehr aggressiv gewesen und hatte er die
Menschen manipuliert, um sein Ziel zu erreichen, so wurde
er nun sanft und freundlich. Er manipuliert nicht mehr.
Wo er sich früher aufregte, bewahrt er nun stets Friede
und Freude.

B. 59k. Marvin Ford erfuhr, daß die ihm gegebenen Verheißungen tatsächlich in Erfüllung gingen. Seitdem arbeitet er in verschiedenen Ländern intensiv im christlichen
Dienst der Heilung und Befreiung.

Es gibt auch positive Erfahrungen nach der Rückkehr aus
dem Koma.

B. 76e. Marietta Davis war vor ihrer Erfahrung nicht
gläubig, wenn sie auch neugierig nach allem war, was die
Unsterblichkeit betraf. Nach der Rückkehr in dieses Leben
orientierte sie ihr ganzes Leben auf Christus.

So haben wir bisher Erfahrungen von Sterbenden und von
Zurückgekehrten besprochen. Unsere Vermutung, daß die
Zurückgekehrten »jenseits der Grenze« mehr erfahren
haben als die Sterbenden, die nur »an der Grenze« standen, wurde bestätigt. Zwischen den Erfahrungen beider
Gruppen gibt es aber nirgendwo Gegensätze. Beide Gruppen berichten von Begegnungen mit früher Verstorbenen,
mit Engeln und mit Jesus, von einer hellen und einer finsteren Wirklichkeit.

Aber es gibt noch eine dritte Gruppe von Menschen, die
etwas vom Jenseits gesehen haben. Von ihnen soll im folgenden die Rede sein.

3. SCHAUEN ÜBER DIE GRENZE HINWEG

Von alters her gibt es Menschen, die hörend außerirdische Stimmen und schauend Bilder einer verborgenen Wirklichkeit empfingen. Sie fallen in verschiedene Kategorien auseinander. Es gibt Geisteskranke, die an Schizophrenie leiden. Ihre Worte und Bilder sind verwirrte Halluzinationen. Es gibt Sensitive, Menschen mit paranormalen Fähigkeiten, aber, wie wir bereits im Vorwort sagten, sind wir der Meinung, daß ihre Informationsquelle nicht göttlicher, sondern finsterer Herkunft ist. Es gibt jedoch auch Menschen, deren Informationsquelle klar und sauber ist. Im Alten und Neuen Testament werden sie Propheten und Seher genannt. Viele Visionäre durften einen Blick ins Jenseits werfen; sie hatten dabei das Gefühl, dieses Land mit ihrem Geist zu besuchen. Dabei befanden sie sich nicht am Rande des Todes, im Koma oder einem Trancezustand. Oft befanden sie sich im Gebet, wenn sie das Jenseits schauten. Sie standen vollauf in diesem Leben und durften von hier aus »über die Grenze hinweg« einen Ausflug machen oder einen Blick werfen in die für normale Augen unsichtbare Wirklichkeit nach diesem Leben, einige von ihnen nur einmal, andere öfters. Christliche Visionäre haben, ganz anders als Sensitive oder spiritistische Medien, das Bewußtsein, daß ihre Augen und Ohren von Gottes Geist geöffnet werden, und zwar nicht in dem Augenblick, in dem sie das wünschen, sondern wenn »Er« es will. Sie sind sich bewußt, daß sie nur das sehen dürfen, was Gott sie sehen lassen will, und was für das Glaubensleben der Menschen nützlich ist. So wie alle Manifestationen des »Heiligen Geistes« müssen auch Visionen an dem, was wir aus der Bibel über Gottes Heil wissen, geprüft werden. In unserem letzten Kapitel werden wir näher darauf eingehen.

Die sieben Visionäre, die wir in diesem Kapitel zitieren werden, sollen kurz vorgestellt werden. Sie kommen aus verschiedenen Zeiten, Kirchen und Kulturen.

Theresia von Avila (1515–1582) beschloß nach einer schweren Krankheit, Nonne zu werden. In einem Kloster im spanischen Avila entwickelte sie eine kontemplative Mystik und hatte Visionen. 1970 nahm sie Papst Paulus VI. in die Liste der Kirchenlehrer auf.

John Bunyan (1682–1688) schloß sich der Bewegung der Non-Konformisten an, nachdem der englische König Karl II. die Laienpredigt verboten hatte. Er verbrachte zwölf Jahre in einem Gefängnis. Sein Hauptwerk »The Pilgrims Progress« wurde berühmt. In einem seiner anderen Bücher, »Visions of Heaven and Hell«, beschreibt Bunyan eigene Erfahrungen; Erfahrungen, die er gemacht hatte, nachdem eine Stimme vom Himmel in seiner Jugend einen Selbstmordversuch verhütet hatte. Als er dem Herrn für diesen Schutz dankte, wurde er von einem Licht umgeben und ein Engel führte ihn zum Himmel.

Anna Katharina Emmerich (1774–1824) war eine deutsche Nonne. Jahrelang hatte sie Visionen, auch über das Leben und Leiden Jesu. Fünf Jahre lang notierte der Dichter Brentano diese Visionen. Er veröffentlichte sie in seinen Tagebüchern.

Der Inder *Sadhu* (reisender Prediger) *Sundar Singh* (1889–1924) kam nach dem Verbrennen einer Bibel aufgrund einer Vision, in der er Christus begegnete, zum christlichen Glauben. Seit 1912 hatte er während des Gebets oder beim Meditieren des öfteren Visionen, ungefähr acht- bis zehnmal monatlich. Er reiste auch durch Europa. Anglikanische Kirchenführer, Professoren wie Heiler und Söderblom sowie die holländische Königin Wilhelmina schätzten ihn sehr.

Louise Buchmann (1884—1944) war eine schweizerische Diakonissin, Mitglied der Reformierten Kirche. Ihre Visionen wurden von H. Henny aufgezeichnet und herausgegeben.

Zum Schluß sei *Agnes Sanford* (geb. 1897) erwähnt, Tochter eines presbyterianischen Missionars in China, die mit einem episkopalischen Pfarrer verheiratet war. Sie wurde in Amerika eine der großen Pionierinnen im Dienst der Heilung. In ihrem letzten Buch erzählt sie, wie eine Stimme sie rief: »Komm hier empor«, und wie sie dann, von einem Engel begleitet, den Himmel besucht.

In diesem Kapitel werden wir sehen, was diese und andere Visionäre geschaut haben, und ob dies auf der gleichen Linie liegt wie das, was wir in den ersten zwei Kapiteln festgestellt haben.

A. Visionen über Sterbende

Verschiedene Visionäre erzählten, wie sie wahrgenommen haben, was geschieht, wenn Menschen aus dieser Welt weggerufen werden. Louise Buchmann sah in einer Vision, wie treue Kinder Gottes bei ihrem Sterbebett von einem Engel und oft auch von Jesus selbst empfangen wurden. Sie konnte am Glanz ihrer »Lichtkörper« feststellen, welchen Grad an Heiligung sie auf Erden erreicht hatten. Sie konnte diesen Lichtkörper, wie sie ihn nennt, nur bei wiedergeborenen Kindern Gottes sehen. Anna Katharina Emmerich nahm wahr, daß am Sterbebett jedes Menschen ein Urteil gefällt wird. Sie sah, wie Jesus, Maria und Engel bei diesem Urteil zugegen sind.

Sundar Singh ist auch Zeuge eines solchen Urteils gewesen. In einer Vision sieht er das Sterbebett eines Gläubigen. Bereits vor seinem Tod sah dieser Gläubige, wie sich der Himmel öffnete. Er nahm Engel und Heilige (bereits verstorbene Gläubige) wahr und sah Jesus an der Pforte stehen. Noch auf der Grenze zeugte der Sterbende von dem, was er sah. Nach seinem Verscheiden suchte er vergeblich, seine Frau und Kinder zu trösten. Sie konnten ihn jedoch nicht mehr sehen und hören. Viele Freunde und Geliebte hießen ihn auf dem Wege zur Herrlichkeit willkommen. Sundar Singh erzählt, daß er in seinen Visionen Engel und Heilige gefragt hat, was beim Sterben genau geschieht. Sie sagten ihm, der Tod könne mit dem Einschlafen verglichen werden; viele sterben aber so plötzlich, daß sie nicht merken, daß sie eine neue Dimension betreten haben. Sie geraten durch die vielen neuen Dinge, die sie sehen, in Verwirrung; aber sie werden vollständig unterrichtet. Gläubige Verstorbene werden von Engeln und Heiligen begrüßt. Diejenigen, die sie lieben, dürfen an ihr Sterbebett kommen und sie zum Himmelreich führen. Sie sind darauf vorbereitet und fühlen sich dort gleich zu Hause. Auch Engel begleiten Menschenseelen aus dieser Welt, und oft kommt Jesus selbst an das Sterbebett, um seine Diener willkommen zu heißen. Für die Gläubigen ist der Tod eine Tür, durch die sie ihr ewiges Haus betreten können. Das Sterben ist mit der Geburt zu vergleichen.

Über dieses Haus und die Begrüßung berichtet auch der methodistische Prediger G. C. Bevington in seiner Autobiographie. 1921 wurde er gebeten, für die Genesung einer Frau Goddard zu beten. Am 15. Januar begann er; aber der Kranken ging es stets schlechter. Am 19. Januar fing

Bevington an, für ihre gesegnete Heimkunft zu beten. Dabei erhielt er eine Vision. Er sah ein großes, herrliches Haus, das durchsichtig war, wie von Glas. »Ich hatte noch nie ein solch strahlendes Gebäude gesehen, solch glänzende Mauern, solch glitzernde Zimmer. Ich sah Wesen in makellos weißen Gewändern. Jedermann war sehr beschäftigt. Sie trugen Kränze von weiß-lila Blumen, so strahlend, wie ich sie noch niemals zuvor gesehen hatte. Sie eilten hin und her, als ob sie die letzte Hand an etwas legten. Alle waren vollauf beschäftigt, um fertig zu werden für jemands baldige Heimkunft. Ich schloß daraus, daß es die Wesen waren, die Frau Goddard willkommen heißen würden.« Bevington sagte aufgrund dieser Vision der Tochter, daß ihre Mutter sie nun schnell verlassen würde. Tatsächlich starb sie am gleichen Morgen.

B. Visionen über die Herrlichkeit

Visionäre betonen immer wieder, daß nicht jeder, der in die Herrlichkeit eingehen darf, genau dasselbe erfährt. Es scheint verschiedene Grade oder Dimensionen der Herrlichkeit zu geben. So wie aus dem Tode oder dem Koma Zurückgekehrte erzählen, scheint es einen Zusammenhang zu geben zwischen dem Grad der Herrlichkeit und dem Zustand, in dem man sich am Ende seines Lebens befand. John Bunyan nahm bereits wahr, daß die Himmelsbewohner nicht den gleichen Grad an Herrlichkeit besitzen, und Sundar Singh brachte das Maß der Herrlichkeit, das man ausstrahlt, in Verbindung mit dem Grad der Gutheit, den man auf Erden besaß. Bunyan betonte, daß diese Unterschiede im Grad der Herrlichkeit nicht zu Eifersucht führen. Ihm wurde erklärt: »Gott ist ein endloser Ozean von Licht, Leben, Freude und Glück. Er füllt jedes Gefäß, das in diesen Ozean getaucht wird, bis es nichts mehr aufnehmen kann. Wenn auch die Gefäße verschieden groß sind, da jedes vollständig gefüllt wird, gibt es niemand, der sich beklagen kann.« Der amerikanische Biologe Dr. Robert Frost erzählt von einem Freund, der in einer Vision etwas Ähnliches gesehen hat. Er sah im Himmel Menschen wie Gläser, die bis zum Rand gefüllt waren; die Gläser hatten aber alle ein verschiedenes Fassungsvermögen.

Verschiedene Visionäre sprechen ebenso wie einige vom Tod Zurückgekehrte (siehe B. 61c) auch über die Existenz verschiedener himmlischer Welten.

Agnes Sanford schreibt: »Der Herr zeigte mir den Himmel und die Himmel. Der Himmel ist ein Ort. Es gibt auch Himmel mehr in unserer Nähe, die unserer Erde ähnlich sind. Möglicherweise ist das das Paradies. In dem der Erde am nähsten und ähnlichsten Himmel kam es mir vor, als ob ich mich in einem weiten Tal mit Hügeln in der Ferne befände. Ich sah dort Blumen, nicht genau so wie die irdischen Blumen, jedoch schöner, lebendiger, strahlender. Jesus sah ich dort nicht. Anfangs sah ich niemanden, aber später sah ich den Engel, der stets erscheint, wenn ich im Jenseits bin. Vielleicht ist die Erde eine schwache Kopie dieses nahen Himmels.«

Louise Buchmann sagt, der Herr habe ihr erklärt, daß die Gläubigen des Alten Bundes (das Volk Israel) vor der Erlösung durch Jesus nur in die obersten Regionen des Totenreiches, in einen Vorhimmel oder »Abrahams Schoß«, kommen konnten. Aber durch den Neuen Bund betreten Gläubige jene Dimension, die ihrer irdischen Entwicklung entspricht: zuerst die oberste Region des Totenreiches, das Paradies, dann, nach Vollendung ihrer Heiligung, den Himmel, in dem sie Jesus anschauen. Nur wenige würden bereits bei ihrem Tode soweit sein, daß sie direkt in den Himmel eingehen können. Wie nahe man Jesus kommen kann, hängt von dem Grad der erreichten Heiligung ab. Das Bejahen Jesu und das Tragen seines Leidens trägt Früchte für die Herrlichkeit. Wer sich erst auf seinem Sterbebett zu Jesus bekehrt, muß im Paradies die Heiligung nachholen. In einer Vision traf Louise Buchmann eine Mutter, die ihr sagte: »Ich bin in der Schule.« Während ihres Lebens hatte die Frau zwar die Neigung gehabt, Jesus als Herrn anzunehmen, aber es war nie soweit gekommen. Jesus erklärte Louise Buchmann, daß dieser Frau aufgrund der vielen Fürbitten ihrer Kinder Gnade geschenkt worden war. In einer Vision, die Louise Buchmann ein Jahr später geschenkt wurde, traf sie diese Frau im Himmel an. Was diese Fürbitten betrifft, meint Louise Buchmann, daß Lebende für Lebende und die Heiligen im Himmel für die Verstorbenen beten müssen.

Aus ihrer römisch-katholischen Tradition hatte Anna Katharina Emmerich wohl die Gewohnheit, für Verstorbene zu beten. In einer Vision begegnete sie auf einem Pfad über der Erde vielen Seelen, die von Führern begleitet wurden. Sie erkannte sie als Verstorbene, für die sie viel gebetet hatte. Sie sprach die Vermutung aus, daß diese sich in einem Gebiet zwischen dem Fegefeuer (wie sie es nennt) und dem Himmel befanden. Sie sah, wie beim Emporsteigen diese Seelen stets mehr Glanz bekamen.

Frau Carol Hooley hatte eine ähnliche Erfahrung wie Louise Buchmann. In einer Vision sah sie im Himmel einen Onkel, der anders als der Rest gekleidet war. Er hatte, so hörte Frau Hooley später, erst auf seinem Sterbebett Jesus angenommen. Wenn er auch das ewige Leben empfangen hatte, war er geistlich noch ein Kind. Darum sah er anders aus als die Menschen, die bereits auf Erden ihr ganzes Leben Christ gewesen waren.

Sundar Singh spricht oft über einen Zwischenzustand, den er in seinen Visionen wahrnimmt. Er beschreibt diesen als eine geistliche Welt, in der alle Verstorbene zuerst ankommen, bevor eine Scheidung stattfindet. (Wir erinnern uns,

daß auch einige Zurückgekehrte über ein solches Zwischen-
gebiet sprechen; vgl. B. 76d.) Singh sieht, daß fortwährend
Tausende von Verstorbenen in dieser Zwischenwelt ankommen. In diesem Zwischenzustand begeben die guten
Menschen sich zu den guten Geistern, die schlechten zu den
bösen Geistern. Die Gläubigen ziehen von dort aus weiter
zu einer höheren geistigen Sphäre. Dabei werden sie von
Engeln und guten Geistern begleitet, die die bösen Geister
auf Abstand halten. Singh sah, wie ein kleines Kind in
diesem Zwischenzustand ankam. Engel sorgen für das
Kind und bringen es zu einer Art Kinderhimmel, wo es
von ihnen unterrichtet wird, bis es den Engeln gleich geworden ist. (Wir erinnern uns, was Marietta Davis über
den Unterricht für Kinder mitteilt, vgl. B. 76a.) Singh sah
weiter, wie eine Mutter nach ihrem Tod von ihrem inzwischen aufgewachsenen Kind unter Freudentränen begrüßt
wird. Das Kind erklärte seiner Mutter alles und blieb in
der Zwischenwelt bei ihr. Nach diesem Unterricht ging die
Mutter mit ihrem Kind zu höheren Sphären. Beinahe er-
götzlich ist Singhs Beschreibung über die Ankunft eines
deutschen Philosophen, der direkt nach Beweisen fragt. Er
bekommt Matth 18,3 vorgehalten: er muß werden wie die
Kinder. Weil er moralisch gut gelebt hatte, wird ihm eine
Chance geboten; er muß in den unteren Gebieten bleiben,
bis er Reue bekommt. Erst dann ist er reif, um Unterricht
zu erhalten und wird er höhere Sphären betreten dürfen.
Singh sieht diese Zwischenwelt zwischen Licht und Dunkel
liegen und meint, daß diese Zwischensphäre wiederum aus
zahllosen Existenzformen besteht. Die Seele, die noch nicht
direkt weitergehen darf, wird zu der Existenzform geführt, die zu ihr paßt. Wer stirbt, während er noch an
halben Wahrheiten und verkehrten Dogmen festsitzt, wird
in dieser geistlichen Welt durch die Engel korrigiert, wenn
er dies will; denn auch in dieser Zwischenwelt zwingt Gott
uns nicht. Singh nimmt einen Götzendiener wahr, der ver-

geblich nach seinem Abgott sucht. Es wird ihm vergönnt, einen Blick auf Jesus zu werfen. Der Mann nimmt Jesus an, und seine Verwirrung wird ausgewischt. Auch sieht Singh einen Geistlichen, der erzürnt ist, weil ein anderer in eine höhere geistliche Sphäre kommt als er. Ihm wird deutlich gemacht, daß jeder in die Sphäre gebracht wird, die er durch sein Leben und durch seinen Glauben erreicht hat. In dieser Atmosphäre bekommt jeder seinen Unterricht.

Für diejenigen, die es schlecht verstehen können, daß es auch im Leben nach dem Tod Unterschiede zwischen höher und niedriger gibt, teilt Sundar Singh mit, wie er gesehen habe, daß es dort die Aufgabe der Höheren sei den Niedrigeren zu dienen. A. K. Emmerich erzählt über eine ähnliche Vision. Sie sah, wie allerlei Menschen an einem gedeckten Tisch saßen, und Bischöfe und Seelsorger sie bedienten. Vieles von dem, was Visionäre in den überirdischen Dimensionen sehen, stimmt mit dem überein, was uns aus dem Tode oder dem Koma Zurückgekehrte berichten. Es sind Visionen über eine herrlich-friedliche Natur mit Bäumen, Pflanzen, Blumen und Früchten, mit Vögeln, Springbrunnen und Flüssen. Singh sieht überall Obstgärten, Blumen und Vögel. Er spricht über eine geistliche Nahrung, die ein besonderes Aroma verbreitet und sagt, daß der, der davon ißt, einen herrlichen Duft ausstrahlt. Anna Katharina Emmerich spricht über glänzende, liebliche Gärten und Bäume, die kleine, gelbe, strahlende Früchte tragen. William Booth, der Gründer der Heilsarmee, sah unter Obstbäumen Rosenhecken entlang eines Flusses stehen. Er konnte die Früchte probieren und beschreibt ihren Geschmack als »süßer als jegliche irdische Süße«. Er erzählt, daß die Luft von süßen Düften herrlicher Blüten erfüllt war. Als in einem chinesischen Waisenhaus eine Erweckung stattfand, hatten die Waisenkinder wiederholt Visionen vom Himmel. Ihre Geschichten gleichen den vorgenannten Geschichten.

Ebenso wie Zurückgekehrte sprechen auch Visionäre über ihre Begegnungen mit Kindern. Sundar Singh begegnet ihnen und Anna Katharina Emmerich erkennt einige, deren Taufe sie miterlebt oder mit denen sie in ihrer Jugend gespielt hatte. Oft sieht sie sie genau so gekleidet wie zu ihrer Lebenszeit. Mit einer von ihnen frischt sie Jugenderinnerungen auf. Auch die chinesischen Waisenkinder treffen öfters Altersgenossen.

Visionäre haben auch Begegnungen mit zuvor verstorbenen Verwandten und Gläubigen aus der Vergangenheit. Louise Buchmann sagt, daß sie Gottesmänner aus der Zeit des Alten und Neuen Testaments und aus der Kirchengeschichte getroffen habe, ebenso wie die aus dem Koma zurückgekehrte Marietta Davis, die über eine Begegnung mit Luther und Wesley spricht. Sundar Singh begegnet einem Mann mit einer herrlichen Gestalt, strahlend von Glück. Der Mann fragt ihn: »Kennst Du mich nicht mehr?« Als Singh ihn nicht erkennt, erzählt der Mann: »Ich lag in einer Aussätzigenkolonie, die Sie besucht haben. Ich hatte keine Finger mehr und mein Gesicht war entstellt. Jetzt bin ich nicht mehr aussätzig. Diesen verherrlichten Körper habe ich von Jesus bekommen. Ich verließ meinen Körper am 22. Februar 1908.« Singh überprüfte die Angaben, und sie stimmten. Singh sah auch oft verstorbene Freunde. Er war der Meinung, daß diese ihn abholen würden, wenn er stürbe. Er meinte, daß sie uns aus der unsichtbaren Welt jetzt schon oft zur Hilfe kommen, während wir noch auf Erden sind. Sie dürfen sich jedoch nur in Ausnahmefällen zu erkennen geben. Ihre Aufgabe ist es, uns auf Gott und gute, positive Gedanken zu lenken. In einer Vision erkannte William Booth verschiedene Männer und Frauen in verklärter Gestalt, die er menschähnlich nennt. Anna Katharina Emmerich sieht »zahllose Scharen Heiliger in Einheit und Freude«. Ihr begegnen Priester und viele andere, die sie auf Erden gekannt hat. Sie berichtet,

daß Heilige Tau und Honig an Menschen auf Erden schik-
ken, die in Not sind. Sie nimmt auch Seelen wahr, die
zusammenströmen, um Neuankömmlinge zu begrüßen. Sie
sieht die Verherrlichten in Glanz und Licht gehüllt. Über
dieses Licht spricht auch Bunyan. Er sieht im Glanz der
himmlischen Wesen die Widerspiegelung der Herrlichkeit
Jesu. Der Engel, der ihn begleitet, erklärt ihm: »Wir
kommunizieren Liebe und Freude miteinander.« Auch hört
Bunyan: »Unsere Kapazitäten sind hier vergrößert. Auf
Erden kann das Licht nur über unsere Sinne wahrgenommen werden, so wie durch ein Fenster. Darum muß Gott
sich unseren Möglichkeiten anpassen. Aber nun ist unser
Geist erleuchtet, und wir sehen Gottes Reinheit und Herrlichkeit.«
Die Visionäre dürfen auch die Lichtstadt sehen. Anna
Katharina Emmerich spricht über eine Kuppel, in der sie
Throne, Gärten, Paläste, Ehrenbögen, Blumenkränze und
Bäume sieht. Alles ist miteinander durch Wege verbunden,
die im Glanz von Gold und Edelsteinen liegen. Sie unterscheidet »Chöre«: Gruppen von Märtyrern, Geistlichen
usw., die über die Gärten und Wohnungen verteilt sind.
Sie beschreibt das »himmlische Jerusalem«. Straßen laufen
in alle Richtungen nach oben und unten. Sie sieht die Wege
zwischen den Palästen mit Perlen belegt, die alle möglichen Formen bilden. Auch die chinesischen Waisenkinder
sprechen über Häuser aus Edelsteinen. Die Einrichtung ist
aus Gold und von den Fenstern aus sieht man auf Straßen
aus transparentem Gold.
Agnes Sanford bezeugt: »Ich habe in meinen Gebetsstun-
den Schimmer des neuen Jerusalems gesehen. Die Straßen
sind nicht aus echtem Gold, aber es liegt eine Art warmer,
goldener Nebel auf ihnen. Die Mauern sind nicht aus echten Juwelen, aber sie schillern in allen Farben des Regenbogens.« Ebenso wie einige aus dem Tod Zurückgekehrte
spricht sie über die zwölf Tore, jedes genau wie eine große

Perle. Sie stellt aber fest, daß es sich hier nicht um eine feste Materie handelt, sondern um perlenartige, leuchtende Nebel. Sie vermutet, daß dieses perlene Licht jedermann reinigt, der durch dieses Tor hindurchgeht. Selbst ging sie nicht durch dieses Tor. Ebenso wie Rebecca Springer (B. 69c) hat auch Agnes Sanford etwas gesehen, das einer Schule oder einer großen Bibliothek glich, in der in etwas gedämpftem Licht viele Bücher standen.

Andere haben ähnliche Visionen. Frau McKay sieht eine Mauer mit glitzernden Steinen in verschiedenen Farben und ein geöffnetes perlenes Tor. Anders wie Frau Sanford wird sie wohl durch das Tor geführt auf eine Straße aus Gold. Die chinesischen Waisenkinder sprechen über Mauern aus Jaspis, die in allen möglichen Farben aufleuchteten. Ebenso wie Marietta Davis (B. 76a) sehen sie, daß die Lichtstadt in zwölf Viertel unterteilt ist. Und wie Marvin Ford, der drei Dimensionen wahrnahm (B. 59e), sehen sie drei Etagen in der himmlischen Herrlichkeit. Die unterste ist die größte, die oberste die kleinste. Das Ganze wurde nicht in der Kubusform Fords gesehen, sondern in Form einer Pyramide. Je höher die Pyramide, je stärker der Glanz. Die Waisenkinder hörten, daß sich der Thron Gottes auf der Spitze der Pyramide befinde.

Sadhu Sundar Singh nahm in seinen Visionen viele Wohnungen wahr. Er kam auch zu der Tür der Wohnung, die für ihn bestimmt war und entdeckte, daß sie mit allem Nötigen versehen war. Neben dieser Wohnung lagen andere, die von Heiligen bewohnt wurden. Er sah auch, daß Kinder des Lichts sich erfrischten und im Wasser eines kristallhellen Ozeans gereinigt wurden. Er besuchte auch andere Sphären im Himmel und bemerkte, daß man dabei keine Abstände verspürt, weil man sich je nach Wunsch fortbewegt. Etwas Ähnliches hatte auch Bunyan bereits bemerkt. Er erfuhr, daß man im Himmel mit der Schnelligkeit von Gedanken reist.

Agnes Sanford spricht nicht über einen Ozean. Sie kam jedoch zu dem Lebensstrom, den sie durch die Gottesstadt strömen sah. Der Engel, der sie begleitete, ging vor ihr ins Wasser hinein. Sie schreibt darüber: »Als nüchterne Hausfrau dachte ich: meine Kleider werden naß. Aber das geschah nicht. Was jedoch das Untertauchen meiner Seele bedeutet hat, weiß ich nicht.« Marietta Davis, so erinnern wir uns, wurde auch durch einen Fluß geführt (B. 69b).

Auch die Visionäre sprechen über eine Begegnung mit Jesus. William Booth sah bei seinem Besuch im Himmel Patriarchen, Apostel, Märtyrer und Streiter und auch den König »Jesus«. Die Lieder, die für ihn gesungen wurden, klangen ihm wie tausend Wasserfälle in den Ohren. Jesus gab ihm den Auftrag, auf Erden von ihm zu zeugen. Agnes Sanford erzählt, daß sie einmal in einem ganz anderen Himmel war, als die bisher besuchten. Sie stand auf einem weißen Berg, aber das Weiß war kein Schnee, und es war auch nicht kalt. Vor langer Zeit hatte sie in einer schwierigen Lebensperiode diesen Berg bereits einmal in einer Vision gesehen. Auf der Flanke des Berges sah sie ein Licht und mitten im Licht einen Thron, den großen, weißen Thron. »Ihn sah ich nicht«, schreibt Frau Sanford, »aber ich wußte, daß Er auf dem Thron saß. Ab und zu reichte er mir die Hand. Als die Lichtwolken für einen kurzen Augenblick auseinanderwichen, sah ich sein Gesicht: braun, zärtlich und lächelnd.« Frau Sanford spricht hier über das Gesicht Jesu. Ebenso wie bei den aus dem Tode oder dem Koma Zurückgekehrten bekommen wir höchst selten etwas über eine Begegnung mit Gott selbst zu hören. Sadhu Sundar Singh bemerkt, daß man überall im Himmel Gottes Gegenwart fühlt. Ihm wird erzählt, daß man Gott und Jesus Christus je nach dem Maß des geistlichen Fortschritts erfährt, und daß der Herr, je nach unserem Zustand, das Licht seiner Erscheinung dämpft. Der amerikanische Evangelist Kenneth Hagin sah in einer Vision den Thron

Gottes. Er nahm zwar eine Form wahr, aber kein Gesicht. Rund um den Thron sah er einen Regenbogen. An jeder Seite standen Wesen mit feurigen Augen, vorn und hinten (vgl. Offb 4,6). Hagin sah auch, wie Licht durch die Kreuzeswunden Jesu hindurchschien. Und Anna Katharina Emmerich beschreibt, wie sie oben in der Kuppel in unendlichem Glanz den Thron Gottes wahrnimmt. Sie darf einen Blick auf den Vater werfen. Auch sieht sie »einen gekreuzigten Jüngling, aus dessen Wunden Strahlen in den Farben des Regenbogens kommten«. Rund um den Thron sieht sie die vierundzwanzig Ältesten (vgl. Offb 4,4). Sie berichtet, auch Maria, deren Thron sich gerade unter dem der Dreieinigkeit befinde, gesehen zu haben.

C. Visionen über finstere Gebiete

In Vorstehendem hörten wir Anna Katharina Emmerich über ein Urteil sprechen, das am Ort des Sterbens vollzogen wird. Sadhu Sundar Singh sprach von einer Scheidung, die sich in einer Zwischensphäre vollzieht, bei der sich schlechte Menschen zu dem Ort böser Geister begeben. Dieser Art Visionen wollen wir jetzt unsere Aufmerksamkeit schenken.

Wie auch Zurückgekehrte berichten (B. 78b, 76d), sehen einige Visionäre während ihrer geistlichen Reise nach himmlischen Gebieten die Erde tief unter sich liegen. Während die Erde weit unter ihm verschwand, nahm Bunyan schwarze Wesen wahr, die über der Erde schwebten. Der Engel, der ihn begleitete, erklärte ihm, daß dies gefallene Engel seien. Sundar Singh sah, wie schlechte Geister frevelhafte Seelen bei ihrem Sterbebett in Empfang nahmen und sie zur Finsternis begleiteten. Singh unterscheidet in der Zwischenwelt mehr und weniger dunkle Dimensionen. Sie, deren Leben auf Erden Gott nicht geweiht war, kommen in diesen dunkleren Gebieten an. Sie empfangen eine Form, die zu ihnen paßt. Sie verkehren in der Gesellschaft derer, die auf Erden die gleichen Sünden begangen haben. Um sich herum sehen sie die gemeinen Gesichter böser Geister, wodurch sie vor Schrecken wie gelähmt werden. Weil schlechte Menschen das Licht Gottes nicht vertragen können, verbergen sie sich in stinkendem, schwarzen Rauch, der aus dem untersten Teil der Zwischenwelt (Sundar Singh nennt sie »Totenreich«) aufsteigt. Aus dem Rauch hört Singh Schreie der Reue und Angst aufsteigen. Wir bekommen von Singh den Eindruck, daß aus dieser Zwischenwelt, zumindest aus den oberen Teilen, noch ein Entkommen möglich sei. Wir gaben seine Vision von dem deutschen Professor wieder, der warten mußte, bis er wie ein Kind geworden war. Wenn man jedoch dem Unterricht unzugänglich ist und jegliche Läuterung verweigert, findet eine endgültige Vereinigung mit den finsteren Geistern statt. Singh sieht z. B., wie ein Sünder und Selbstmörder nach seinem Tode zwar Gewissensbisse über seine Taten hat, jedoch keine Reue. Das Licht aus der Herrlichkeit quält ihn. Darum versucht er, sich im Dunkeln zu verstecken. Singh sieht, wie sich viele aus der Zwischenwelt in »das bodenlose Loch«, so wie er es nennt, stürzen. Singh sieht weiter, wie ein Mörder stirbt. Böse Geister ziehen ihn in die Finsternis. Der Ermordete schenkt ihm zwar Vergebung; der Mörder kann aber das Licht nicht ertragen. Der Ermordete ruft seinem Mörder zu, doch Reue zu haben, dieser hat aber dafür keine Kraft. Singh sagt: »Auch in der Zwischenwelt zwingt Gott uns nicht.« Er erzählt, daß Jesus ihm erklärt hat: »ihr eigenes, unreines Leben zwingt sie, von diesem heiligen Ort wegzuflüchten.« Singh sieht immer wieder, wie Böcke und Schafe sich von selbst scheiden. Er hört einen Engel sagen: »Gott wirft niemanden in die Hölle. Der Mensch schafft sich selbst die

Hölle.« Aber nicht nur in der Zwischenwelt, sondern auch in der Finsternis darunter sieht Singh viele Grade und Orte. Entsprechend dem Maß der Sünde bekommt jeder den ihm gebührenden Platz zugewiesen.

Wir merken, daß Sundar Singh auf eine verwirrende Weise verschiedene Ausdrücke durcheinander gebraucht. Einige, die einen Blick in die Finsternis warfen, gebrauchen den Ausdruck »Fegefeuer«. So erzählt ein englischer Mönch aus Evesham, daß er, während er drei Tage in Ekstase war, den Himmel, die Hölle und das Fegefeuer besuchte. Im Fegefeuer begegnete er der Seele eines Menschen, der in diesen drei Tagen gestorben war, so daß der Mönch das nicht wissen konnte. Auch Anna Katharina Emmerich besuchte viele Male das, was sie das Fegefeuer nennt. Sie spricht über die armen Seelen, die dort sein müssen. Sie sah Menschen, die während ihres Lebens den Glauben nicht ernst genommen hatten, die »fromm auf Pantoffeln« gewesen waren, ohne Eifer für Gott oder den Mitmenschen. Immer wieder wurde ihr gezeigt, daß ungebüßte und ungesühnte Schuld eine unglaublich große Nachwirkung hat. Sie sah aber auch, daß viele aus dem Fegefeuer zum Himmel emporstiegen. Diese Aussage läßt vermuten, daß das, was einige »Fegefeuer« nennen, dasselbe ist, was Singh »Zwischenwelt« nennt. Anna Katharina Emmerich sah im Fegefeuer nirgendwo blaue Luft, einen Baum oder Früchte. Alles ist farblos. Je nach dem Grad der Reinigung ist es dort heller oder dunkler. In den finsteren Teilen sah sie Seelen zur Hälfte oder bis zum Hals. Jede saß in einem eigenen Kerker und litt Durst, Hitze oder Kälte. Sie sah, wie Menschen, die auf Erden eine hohe Stelle bekleidet hatten, hier vergeblich arbeiteten, angetrieben von ihren früheren Knechten. Sie hatte den Eindruck, daß sich diese dunklen Orte über dem Nordpol befinden und von einer halbmondförmigen, dunkelglimmenden Mauer umgeben sind.

Theresa von Avila hat diese finsteren Orte auch besuchen müssen. Sechs Jahre später notiert sie, was sie dort gesehen hat. Sie ist voller Entsetzen über die Qualen und das Elend, dessen Zeuge sie gewesen ist. Sie beschreibt den Zugang als einen engen Steg und die Finsternis als einen Backofen mit schlammigem Boden, voller Würmer. Sie fühlte ein Feuer in ihrer Seele brennen, das mehr schmerzte als jegliche irdische Pein. Sie hatte den Eindruck, erdrückt und erstickt zu werden. Die Seele schneidet sich dort kaputt, die Mauern kneifen sich zusammen, berichtet sie. Man kann dort weder sitzen noch liegen; alles ist lichtlos, voller Verzweiflung, so ist ihre Erfahrung.

Der dänische Dichter Jörgensen fühlt sich in einer Vision zwischen Erde und Himmel geschleudert. Aus dem Tor des neuen Jerusalems sieht er Licht strömen. Er wird gefragt, ob er erlöst werden will. Als er dies bejaht, fühlt er sich nach unten geworfen. Eine Stimme sagt zu ihm: »Hast du nicht gelesen, daß nur der die Seligkeit erhält, der auf Erden sein ›Ich‹ gekreuzigt hat und Jesus nachgefolgt ist? Du aber bist dir selbst nachgefolgt und hast Christus gekreuzigt. Darum ist hier dein Platz, im Vorhof der Hölle.« Jörgensen beschreibt den von ihm besuchten Ort »als fleischgewordenes Gewissen«.

Anna Katharina Emmerich wird nicht nur zum Fegefeuer, sondern auch zur Hölle geführt. Sie erfährt den Weg dorthin als dunkel und eisig. Es ist dort fortwährend Nacht; Entsetzensschreie erschallen. »Auch hier«, so sagt sie, »ist eine Welt voller Tempel, Schlösser, Throne, Gärten, Seen und Felder. Es ist hier aber das Gegenteil vom himmlischen Jerusalem. Hier fließen Ströme von Haß, Fluch und Streit. Alles besteht aus entlarvter Sünde.«

Auch Louise Buchmann kennt verschiedene Stufen der Finsternis. Sie erzählt, daß sie einen Blick in die untersten Bereiche des Totenreiches und der Hölle werfen durfte. Sie sah, daß das Leiden derer, die während ihres Lebens

Gottes Gnade verspielen, keine Illusion ist. Es fiel ihr auf, daß Christen, die auf Erden kaum gegen die Sünde gestritten hatten und ihr ganzes Leben lang mit ihrer alten Natur unter dem Deckmantel der Rechtfertigung gelebt haben — also der Meinung waren, Vergebung zu empfangen, ohne sich je wirklich bekehrt zu haben —, zu viel schlimmeren Orten kamen als Menschen dieser Welt, weil sie größere Verantwortung bekommen hatten. Der Herr zeigte Louise Buchmann einen speziellen Ort, wohin ungetreue Hirten kommen, die ihr Amt mißbraucht und sich der Irrlehre schuldig gemacht haben. Sie warnt, daß ungetreue, ungeheiligte Christen, die ihre Übertretungen gegen das Licht, das sie empfangen hatten, und somit wohlbewußt begangen haben, im Totenreich noch viel schwerere Dinge mitmachen müssen. Sie weiß: wenn Sünde nicht auf Erden bereut und gutgemacht wird, ist sie nicht durch das Blut Christi gereinigt. Das liegt auf der gleichen Linie wie die Vision des pietistischen Mystikers Jung Stilling (1740–1817). Dieser erzählt in seinen »Szenen aus dem Geisterreich«, daß er im »Reich der Schatten«, wie er es nennt, Gestalten einsam und unglücklich umherirren sah. Er erkannte sie als Menschen, die zeit ihres Lebens gläubig zu sein schienen. Sie hatten geglaubt, fromm gelebt zu haben. Ein Engel erklärte Jung Stilling, daß sie wegen ihres geistigen Stolzes, ihrer Sucht zum Verurteilen, verurteilt seien, und daß wirkliche Kinder Gottes an ihrer Demut zu erkennen sind.

Wir sehen, daß Visionäre in ihrem Sprachgebrauch voneinander abweichen. Einige meinen, daß der Aufenthalt, zumindest in den oberen Teilen der Zwischenwelt, dem Fegefeuer oder dem Totenreich, nicht endgültig ist. Singh sieht dort einen Zweifler und einen Arbeiter. Sie rufen von dort aus um Hilfe. Heilige und Engel werden dorthin gesandt, um sie zu unterrichten. Sie sind aber so durch die Sünde benebelt, daß sie an allem zweifeln und schließlich doch im Dunkeln bleiben wollen. Louise Buchmann ist überzeugt, daß Gottes Gnade weiter reicht, als wir denken; sie verneint aber, daß es eine Allversöhnung gibt. Wie verschiedenartig die von uns beschriebenen Visionen auch sind, alle wissen, ebenso wie Sterbende und Zurückgekehrte, daß es einen Ort des endgültigen Urteils und des Elends gibt.

4. KRITISCHE FRAGEN UND VORLÄUFIGE SCHLUSSFOLGERUNGEN

Bis jetzt haben wir gesehen, was Sterbende, aus dem Tod oder dem Koma Zurückgekehrte und Visionäre über das »Jenseits« berichtet haben. Einerseits haben wir entdeckt, daß jede Gruppe von Berichten eigene Charakterzüge trägt. Am kürzesten sind die letzten Worte Sterbender. Menschen, die klinisch tot und somit »jenseits der Grenze« waren, wissen viel mehr zu berichten. Bei seiner Untersuchung ihrer Zeugnisse kam Moody zu der Schlußfolgerung, daß man um so mehr erfuhr, je länger man klinisch tot gewesen war. Ein Mensch wie Ford, der noch nach längerer Zeit aus dem Tode zurückkehrte und vor allem Menschen, die längere Zeit im Koma waren, sammelten weitere Erfahrungen. Es liegt auf der Hand, daß Visionäre, die regelmäßig einen Blick »über die Grenze« werfen durften, bestimmte Dinge schärfer wahrnehmen konnten. Vor allem sie berichten über eine größere Verschiedenartigkeit, über mehrere Sphären oder Gebiete, sowohl im Reiche des Lichts bzw. einer Zwischenwelt wie auch im Bereich der Finsternis.

Anderseits fällt auf, daß die Wahrnehmungen zwar graduell verschieden sind, ihr Inhalt aber im Prinzip der gleiche ist. Dabei sieht der eine oft andere Dinge als der andere. Moody untersuchte 150 Fälle aus drei Kategorien: klinisch Verstorbene, Unfälle, die die Beteiligten an den Rand des Todes brachten, und Worte von Sterbenden. Aus Platzmangel läßt er die letzte Kategorie weg. Er stellt fest, daß bei den zwei ersten Kategorien fünfzehn Merkmale stets wiederkehren, aber in keinem einzigen Bericht alle fünfzehn Gegebenheiten zusammen vorkommen, höchstens acht bis zwölf, und dann auch nicht in der gleichen Reihenfolge. Auch wir sind diesen Merkmalen in unserem zweiten Kapitel begegnet. Moody schenkt den Zeugnissen Visionärer keine Beachtung. Hätte er das getan, hätte er gemerkt, daß dort viele Einzelheiten fehlen, wie z. B. die Tunnelerfahrung oder das Lebenspanorama. Das kommt schließlich daher, daß Visionäre lebende Menschen sind, die die Todesgrenze nicht überschritten haben. Zentraler aber als die Unterschiede sind die Übereinstimmungen bei allen von uns untersuchten Kategorien: das Sehen Verstorbener, von Engeln, einer Lichtgestalt, die immer wieder als Jesus erkannt wird; schließlich das Nahekommen einer Lichtstadt bzw. das Verbleiben in ihr oder das Sehen einer finsteren Sphäre.

Immer wieder hören wir, daß diejenigen, die über diese höhere oder tiefere Dimension berichten wollen, die größte Mühe damit haben. Die menschliche Sprache scheint dafür nicht auszureichen. Ein Zurückgekehrter drückt es so aus: »Worte sind dreidimensional, und was ich erfahren habe, ist mehrdimensional.« Anders gesagt: Unsere Begriffssprache arbeitet mit den Kategorien von Raum und Zeit. In der anderen Welt bestehen diese Kategorien nicht oder auf andere Weise.

In unseren ersten drei Kapiteln haben wir wiedergegeben, was sehr viele gesehen und erfahren haben. Wir haben sie aussprechen lassen und sind ihnen dabei nicht in die Rede gefallen. Das scheint uns eine Sache der Höflichkeit zu sein. In der Gesprächstechnik, in der gegenwärtig Sozialarbeiter und Pastoren unterrichtet werden, heißt das Motto immer wieder: »Zuhören, Zuhören.« Nun aber ist der Augenblick gekommen, um Fragen zu stellen. Eine erste Reihe von Fragen schneiden wir in diesem Kapitel an. Im Schlußkapitel folgt dann eine weitere Reihe: Wie verhalten sich die besprochenen Erfahrungen zu den Aussagen der Bibel.

A. Warum erst jetzt?

Die Frage, warum alle diese Zeugnisse uns erst jetzt zu erreichen scheinen, ist vielleicht am einfachsten zu beantworten. Zeugnisse Sterbender und Visionärer gab es schon viel eher, und auch die Erfahrungen, die Marietta Davis und Rebecca Springer während ihres Komas hatten, waren bereits lange bekannt. Es ist jedoch möglich, daß diese Zeugnisse und Publikationen nur bis zu bestimmten christlichen Kreisen vorgedrungen sind, stand ihr Inhalt doch im Gegensatz zu der Lebensanschauung der meisten Zeitgenossen. Die Visionen von Sadhu Sundar Singh über Gnade und Urteil, über Jesus und eine Sphäre der Finsternis stießen auf die hinduistischen Gedanken über Karma, Reinkarnation und Nirwana. Und im Westen hatten Rationalismus und Materialismus viele Menschen erfaßt, und darum herrschte der Gedanke vor, daß mit dem Tode alles aus sei. Darum, so stellte z. B. der holländische Psychiater Teunissen fest, haben viele aus Angst, als unausgeglichen, abergläubisch oder als Phantast angesehen zu werden, über ihre Erfahrungen geschwiegen. Aber in zwei Punkten hat sich die Situation jetzt geändert. Bei vielen ist die Macht des Rationalismus und des Materialismus gebrochen. Es gibt eine größere Offenheit für das, was Shakespeare so ausdrückte: Es gibt mehr zwischen Himmel und Erde, als unsere Schulweisheit sich träumen läßt. Hinzu kommt die Tatsache, daß die Möglichkeiten, Menschen aus dem klinischen Tod ins Leben zurückzuholen, erst in der letzten Zeit stark zugenommen haben. Viele wagten es früher nicht, über ihre Erfahrungen zu sprechen; viele, die heute über ihre Erfahrungen sprechen, hätten es früher nicht gekonnt, weil sie dann gestorben wären. Allein in Amerika werden jährlich ungefähr tausend Menschen reanimiert. Die Situation hat sich also gründlich geändert. Dr. Rawlings stellt jedoch fest, daß auch jetzt höchstens 20 % der Zurückgekehrten aus eigenem, freien Willen von dem zeugen, was sie erlebt haben.

B. Betrug?

Ist es möglich, daß die vielen Erfahrungen, die hier oder in anderen Büchern oder Artikeln wiedergegeben sind, auf bewußtem Betrug beruhen? Ist es denkbar, daß Sterbende mit einem letzten, hoffnungsvollen Ausruf ihre Verwandten trösten wollen, oder daß Zurückgekehrte und Visionäre sich mit phantastischen Geschichten interessant und wichtig machen wollen?

Diese Annahme ist wohl sehr unwahrscheinlich. Am Rande des Todes, in einer existentiellen Grenzsituation, bewußt lügen? Vielleicht, daß ein einzelner dazu imstande ist, aber doch nicht Tausende, deren letzte Worte im Familienkreis oder in Publikationen festgehalten wurden. Außerdem: die frappanten Übereinstimmungen aller Erfahrungen der drei von uns behandelten Kategorien würden dann auf der Tatsache beruhen müssen, daß alle Kenntnis gehabt haben müßten von mündlichen oder schriftlichen Überlieferungen auf diesem Gebiet; bei sehr vielen ist das jedoch nicht der Fall gewesen. Und schließlich: viele waren während ihres Lebens als seriöse, zuverlässige, von ihrer Umgebung geachtete Menschen bekannt.

Wäre es aber denkbar, daß trotz subjektiver Aufrichtigkeit viele ihre Geschichten unabsichtlich etwas erweitert oder verschönert haben? In diesem Fall könnte von bewußtem Betrug ja keine Rede sein, aber dann wäre das eine oder andere doch nicht hundertprozentig richtig. Sollte dies auch einige Male vorgekommen sein, so kann man doch nicht alle Zeugnisse willkürlich darauf reduzieren. Gegen die Verschönerungstheorie spricht auch die Tatsache, daß die Zeugnisse so stark übereinstimmen und daß Sterbende weder die Zeit noch die Energie haben dürften, die Dinge zu verschönern. Bei Zurückgekehrten wird die Gefahr der Hinzufügung tatsächlich größer, je mehr Zeit zwischen Erfahrung und Zeugnis verstrichen ist. Aber in den meisten Fällen sind die Zeugnisse über das, was man erfahren hat, unmittelbar nach der Rückkehr in dieses Leben weitergegeben worden. Moody ist der Meinung, daß die Gefahr, daß man Dinge vergessen oder verdrängt hat, viel größer ist als die Gefahr, verschönert oder hinzugefügt zu haben. Wir können deshalb die Betrugstheorie ruhig beiseite legen und dürfen annehmen, daß die Berichte, die uns erreicht haben, subjektiv vollkommen aufrichtig sind.

C. Halluzinationen?

Viel öfter als der Betrugstheorie begegnet man der Auffassung, daß es sich bei diesen Berichten nicht um echte Erfahrungen, sondern um Halluzinationen handelt. Man meint, Dinge zu sehen, in Wirklichkeit aber bestehen diese Dinge nicht. Unter Einfluß hohen Fiebers, von Medikamenten oder schmerzstillenden Mitteln würde man sogenannte Fata Morganen sehen. Vielleicht waren einige tatsächlich geisteskrank, und haben andere nur geträumt. Subjektiv war man sicher aufrichtig; aber die subjektiven Erfahrungen geben keine objektive Wirklichkeit wieder. Die Halluzinationstheorie, wie verführerisch sie auch ist, stößt jedoch auf eine Anzahl ernsthafter Einwände.

Erstens: Wir erinnern uns, daß viele während des klinischen Todes wahrnehmen, was rund um ihren Körper geschieht, nachdem ihr Herz zum Stillstand gekommen ist. Wo man diese Wahrnehmungen hinterher untersucht hat, stimmten sie mit der Wirklichkeit überein. Ärzte, Krankenpfleger oder Verwandte hatten tatsächlich das gesagt oder getan, was der klinisch Tote gehört oder gesehen hatte. Hier ging es nicht um Halluzinationen, sondern um die objektive Wirklichkeit.

Zweitens: Wir erinnen uns auch, daß Menschen auf ihrem Sterbebett, im Koma, im klinischen Tod und in Visionen Menschen begegneten, von denen sie nicht wußten, daß sie gestorben waren (B. 5, 6, 7, 77, 78, 79). Erst später konnte dies bestätigt werden. Wir geben davon noch ein Beispiel. Frau Carol Hooley ist in der Lichtstadt Zeuge der Liebe Jesu für Kinder. Zu ihrem Erstaunen fällt ihr dabei ein Kind ihrer Freunde auf. Später wurde deutlich, daß im gleichen Augenblick ihres klinischen Sterbens das Kind der Freunde gestorben war. Solche Zeugnisse sprechen für den objektiven Charakter derartiger Wahrnehmungen bei unseren drei Kategorien und gegen die Halluzinationstheorie.

Drittens: Wir haben weiter gesehen, daß Sterbende und Verstorbene oft Menschen identifizieren, die sie während ihres Lebens nie gekannt haben (B. 3 und 4). Die bekannte Psychologin Elisabeth Kübler Ross begegnete derartigen Erscheinungen bei vielen Kindern von fünf und sechs Jahren: auch sie sehen Verstorbene, die sie nie gekannt hatten. Sie argumentiert, daß, wenn es sich hier um Halluzinatio-

94

nen gehandelt hätte, die Kinder nur Bekannte, vor allem Vater und Mutter, gesehen hätten.

Viertens: Wir berichteten, daß in einzelnen Fällen auch Umstehende eine Engelgestalt gesehen oder Musik gehört haben (B. 17, 26). Vereinzelt haben Anwesende auch eine Stimme gehört, die beispielesweise sagte: »Ich brauche ihn im Himmel!« Müssen wir in einem solchen Fall annehmen, daß gesunde Menschen an kollektiven Halluzinationen gelitten haben?

Fünftens: In diesen von vielen untersuchten und wiedergegebenen Fällen handelt es sich nicht um geisteskranke oder schizophrene Patienten, die während ihres Lebens schon an Halluzinationen litten, sondern um ausgeglichene, psychisch normale Menschen. Ihre Erzählungen sind nicht verwirrt. Was für sie real und deutlich war, wissen sie auch anderen deutlich zu machen. Übrigens, Martensen-Larsen war es bereits aufgefallen, daß Geisteskranke kurz vor ihrem Tod vollständig bei Verstand waren. Er vermutet, daß geistig gesunde Sterbende dann deutlicher bei Bewußtsein sind, als sie es während ihres Lebens waren, und daß bei ihnen kurz vor ihrem Tod ein intellektuelles und moralisches Aufblühen stattfindet. Außerdem: Niemand hat die von uns zitierten Visionäre je für geisteskrank gehalten.

Sechstens: Zweifelsohne können bestimmte Stoffe eine betäubende, berauschende Wirkung haben. Morphin und Hetamin können außersinnliche Erfahrungen bewirken und auch unter Narkose können Halluzinationen auftreten.

Moody und Hampe nennen die Unterschiede: bei Drogen sind die Erfahrungen verschwommen und manchmal wie in einem Traum. Es gibt keine Konfrontation mit der Vergangenheit wie im Lebensrückblick. Dort ist Desintegration. Alles verflüchtigt sich schnell. Meistens haben die verabreichten Medikamente keine Auswirkung auf das Nervensystem. Außerdem standen sehr viele, die sterbend oder klinisch tot waren, nicht unter dem Einfluß von Arzneien. Osis und Haraldsson stellten fest, daß Menschen, die halluzinogene Mittel eingenommen hatten, während ihres klinischen Todes viel weniger Erfahrungen hatten, und daß bei Krankheiten, die Halluzinationen mit sich bringen, weniger Konfrontationen mit einer anderen Lebensdimension vorkamen als bei anderen Krankheiten. Dr. Rawlings ist der Meinung, daß Halluzinationen sich stets auf Gegenstände dieser Welt und nicht auf Situationen im Jenseits richten.

Zum Schluß und siebtens: Kann es sich dann nicht um Träume handeln? Sterbende und Visionäre waren jedoch nicht im Schlaf, sondern vollständig bei Bewußtsein. Vielleicht kann man sagen, daß es sich bei Menschen im Koma oder im klinischen Tod, bei denen das Gehirn noch funktioniert, theoretisch um einen Traumzustand handeln kann, wenn wir uns auch schwer vorstellen können, daß jemand, dessen Herz stillsteht, noch träumen kann. Sicher aber ist es sehr merkwürdig, daß dieser »Traum« dann ungefähr den gleichen Inhalt hat wie die Erfahrungen wacher Sterbender und Visionärer; außerdem haben wir bereits festgestellt, daß dieser »Traum« in verschiedenen Punkten objektive, kontrollierbare Wirklichkeit enthält. Dr. Teunissen nennt vier weitere Unterschiede zwischen Träumen und Erfahrungen klinisch Verstorbener: Anders als diese Erfahrungen haben Träume fast nie Farben. Ein Traum verschwimmt schnell, diese Erfahrungen bleiben scharf im Gedächtnis. Ein Traum setzt einen Schlafzustand voraus; diese Erfahrungen finden im bewußtlosen Zustand oder im klinischen Tod statt. Und schließlich: Zurückgekehrte erleben das Wahrgenommene ganz anders als einen Traum. Hampe sieht den Unterschied zum Traum in der viel größeren Wirklichkeitsbezogenheit und in dem anderen Bewußtsein von sich selbst. Aus all diesen Gründen ist die Traumhypothese sehr unwahrscheinlich.

D. Projektionen?

Sind Halluzinationen Symptome, die auf eine abnormale Situation hinweisen, so sind Projektionen ein allgemein menschliches Phänomen. Wir alle haben die Neigung, was in uns lebt, nach außen zu projizieren. Jemand, der einen strengen Vater hatte, neigt dazu, auch in Gott einen strengen Vater zu sehen. Man kann sich dann fragen, ob die Erfahrungen, die zahllose auf ihrem Sterbebett im Koma, während des klinischen Todes oder auch in Visionen hatten, nicht einfach das wiedergeben, was man auch im normalen Leben bereits gedacht, geglaubt und erfahren hat. Man braucht deshalb noch nicht zu bezweifeln, daß es tatsächlich ein Leben nach diesem Leben gibt, und daß man nach dem Tode in ein anderes Leben eintritt; aber man meint, daß die Wahrnehmungen, also was man sieht und hört, programmiert sind durch das, was man in diesem Leben geglaubt hat. Man projiziert in den besagten Zuständen, was sich bereits im Kopf und im Herzen befand.

Gegen diese Hypothese sprechen vor allem zwei Argumente:

Erstens liegen die gemachten Erfahrungen oft ganz und gar nicht auf der Ebene dessen, was man vorher geglaubt hat. Für viele kommen sie als vollständige Überraschung. Menschen, die niemals über Engel nachgedacht haben, begegnen diesen. Auch Atheisten begegnen der Lichtgestalt. Selbst Menschen, die stets in der Annahme lebten, daß mit dem Tode alles aus sei, haben auf ihrem Sterbebett, im Koma oder im klinischen Tod alle möglichen Erfahrungen. Bevor Marietta Davis neun Tage im Koma lag, war sie nicht gläubig gewesen. Nach ihrer Rückkehr erinnert sie sich, daß sie sich selbst kritisch die Frage gestellt hatte, sind meine Erfahrungen nicht ein Traumbild, eine Projektion meines eigenen Gemüts? Der Engel, der sie begleitete, bestätigte ihr, daß ihre Erfahrungen real waren. Ebenso wie Marietta sahen auch die chinesischen Waisenkinder in ihren Visionen die himmlische Lichtstadt in zwölf Regionen eingeteilt. Zwar ist dies auch im letzten Buch der Bibel, in der »Geheimen Offenbarung« zu finden, aber sie kannten dieses Buch nicht. Osis und Haraldsson stellten ebenfalls fest: Patienten, die Erfahrungen von einem Fortbestehen haben, sehen den Himmel und die Hölle nicht in der Form, in der sie sich diese vorgestellt hatten. Was sie sahen, kam für sie unerwartet.

Zweitens gilt hier, was auch für die Halluzinationstheorie galt: Die Erfahrungen, die man hinterher an der Wirklichkeit überprüfen konnte, beruhten auf Wahrheit. Zum Überfluß fügen wir noch ein Beispiel hinzu.

B. 104b. Der Mann, den Dr. Rawlings während des Reanimationsversuchs rufen hörte, daß er in der Hölle sei, hatte auch eine Begegnung mit seiner Mutter. Diese war gestorben, als er fünfzehn Monate alt war. Der Mann hatte niemals ein Foto seiner Mutter gesehen und erkannte sie trotzdem als seine Mutter. Einige Wochen später zeigte eine Tante ihm einige Fotos, darunter auch ein Foto seiner Mutter, wie sie kurz vor ihrem Tode, einundzwanzig Jahre alt, ausgesehen hatte. Der Mann wählte fehlerlos das Foto seiner Mutter; genau so hatte er sie während seines klinischen Todes gesehen.

Scheint es so unmöglich, die Erfahrungen, die man machte, auf Projektionen zurückzuführen, bleibt doch die Frage, ob nicht die Wiedergabe dieser Erfahrungen unbeabsichtigt durch eigene Charakterzüge, durch den Zeitgeist oder durch eigene Glaubensvorstellungen gefärbt sein könne. So ist Martensen-Larsen der Überzeugung, daß das, was man sieht, zwar keine subjektive Einbildung ist, aber doch wohl subjektive Erwartungen mitspielen. Er führt als Beispiel an, daß ein Heide auf seinem Sterbebett oder im Koma zwar oft einen heiligen Ernst fühlt, aber keine Visionen von Christus hat. Von diesem Gesichtspunkt aus kann man sagen, daß Nichtchristen die Lichtgestalt deshalb nicht mit Jesus identifizieren können, weil sie Ihn zeit ihres Lebens nicht gekannt und Ihm nicht gedient haben.

Auch W. W. Verhoef sieht in seinem Vorwort zur holländischen Ausgabe der Visionen von Sadhu Sundar Singh die Frage der subjektiven Ausformung geistlicher Wahrnehmungen als schwierig an. So kann man die Frage stellen, warum Protestanten niemals Maria wahrnehmen im Gegensatz zu Katholiken, wie z. B. die visionäre Anna Katharina Emmerich. Läßt Gott sie den einen, aber nicht den anderen sehen? So ungefähr sieht es der Kanadier Godkin (siehe B. 67), der der Meinung ist, daß man nur dasjenige sehen darf und kann, was Gott einem zeigen will. Oder handelt es sich hier um eine Projektion? Man sieht, was man glaubt. Ich kenne nur *einen* Protestanten, der in einer Broschüre über die hohe Stellung, die Maria im Himmel einnimmt, spricht. Der Autor macht aber nicht deutlich, wie er zu seinen Einsichten gekommen ist. Verhoef stellt fest, daß der Glaubensinhalt des Visionärs eine große Rolle spielt, während zur gleichen Zeit das Geschaute einen überragenden Wert besitzt und den Visionär überrascht. Die Grenze zwischen Sicht- und Unsichtbarem wird überschritten und das Begegnungserlebnis wird sowohl bildlich erfahren als auch mit eigenen Gedanken gefüllt. Es ist darum sowohl Realität als auch Relativität da. Verhoef weist darauf hin, daß auch der Apostel Paulus sagt: »Stückwerk ist unser Erkennen« (1 Kor 13,8—12). Er legt dar, daß in den Visionen von S. Singh die Frömmigkeitsprache seiner Zeit mit einem starken moralisierenden Einschlag eine Rolle spielt, obwohl gleichzeitig Vieles vom Inhalt seiner Visionen nicht mit der protestantischen Dogmatik seiner Zeit übereinstimmt. Verhoef warnt darum, daß wir Visionen nicht fotografisch auslegen dürfen, sondern als Andeutung einer großartigen Wirklichkeit verstehen müssen, die unser Vorstellungsvermögen überschreitet.

Diese Bemerkungen scheinen mir auch auf die Erfahrungen Sterbender, zurückgekehrter Bewußtloser und Verstorbener anwendbar. Wohl fällt es auf, daß, soweit mir jedenfalls bekannt, Katholiken unter ihnen Maria nicht wahrgenommen haben; und dort, wo einige Anglikaner und Katholiken über einen Besuch im Fegefeuer reden, sprechen andere von einer Zwischenwelt. Es sieht so aus, als ob der gleiche Zustand, je nach der dogmatisch festgelegten Lehre, anders ausgedrückt wird.

Wenn es also möglich ist, daß in Details, und vor allem in deren Beschreibung, eine gewisse Projektion eine Rolle spielt, ist das zweifelsohne auch der Fall bei denen, die solche Erfahrungen deuten. Auch sie bringen ihre eigenen Erwartungen und ihre eigene Brille mit. So weist Moody darauf hin, daß für einen Freudianer die Lichtgestalt die Vaterfigur ist und für einen Jungianer ein Symbol aus dem kollektiven Unbewußten. Im Gegensatz zu solchen Deutungen möchten wir ernst nehmen, was Verstorbene und Sterbende, Bewußtlose und Visionäre selbst gesehen und wiedergegeben haben, wobei sie sich der Schwierigkeiten bewußt waren, das Gesehene in menschlicher Sprache auszudrücken.

E. Täuschungen?

Einige werfen die Frage auf, ob es nicht möglich sei, daß Menschen an oder jenseits der Todesgrenze betrogen werden. Ist es denkbar, daß eine Art Hypnotiseure auf der anderen Seite damit beschäftigt sind, falsche Bilder auszusenden und sie in sie hineinzuprojizieren? Was solche Personen berichten, ist dann zwar subjektiv aufrichtig, aber sie werden zum Narren gehalten.

Wer aber sind dann diese Hyponotiseure, und welches

Interesse haben sie an ihrem Betrug? Wilkerson und Ford meinen, daß Gläubige tatsächlich eine Begegnung mit Jesus haben, Ungläubige aber betrogen werden. Auch der Teufel könne sich als Lichtgestalt zeigen, als »Engel des Lichts«, und Menschen positiv zureden, um so den Eindruck zu erwecken, daß alles schließlich in Ordnung komme, alle Sünden bereits lange vergeben seien und keine Erlösung nötig sei, wenn man nur, in dieses Leben zurückgekehrt, etwas mehr sein Bestes tue. Mir kommt es vor, als ob Wilkerson und Ford in dieser Annahme zu weit gehen. Alle berichten, daß die Lichtgestalt Liebe und Friede ausstrahlt, und es scheint mir nicht gut möglich, daß der Böse in seiner Imitation dazu fähig ist. Außerdem geht es hier nicht um ein Endurteil über Verstorbene, sondern um eine Warnung an sie, die in dieses Leben zurückgeschickt werden. Vielleicht nehmen sich einige diese Warnung nicht zu Herzen und scheitern, während andere in Zukunft in Harmonie mit der Lichtgestalt, im Gehorsam gegenüber Christus leben. Aber es gibt viele, die sich nach ihrer Erfahrung zu Christus bekehrt haben. Außerdem haben einige noch ernstere Warnungen empfangen, da sie einen Blick in die Finsternis werfen durften. Visionäre wie Sundar Singh haben entschieden den Ernst eines »Ortes« des Verderbens und der Strafe erkannt, und Sterbende, so erinnern wir uns, sind oft mit Entsetzen darüber gestorben. Es scheint mir unwahrscheinlich, daß der Böse in der anderen Dimension tatsächlich so viel Macht besitzen sollte, Menschen zu betrügen. In jener Dimension geschieht ebenfalls Gottes Wille, so wie Jesus es im »Vater unser« gesagt hat.

F. Andere Theorien

Einige sind der Meinung, daß an und jenseits der Grenze des Todes physische Prozesse die Erfahrungen Sterbender und Verstorbener erklären könnten. Moody fragt sich, ob nicht doch ein Rest biologischer Funktionen solche Erfahrungen verursachen könne. Er verwirft jedoch den Gedanken, das Gehirn würde durch Sauerstoffmangel letzte Zuckungen machen, mit dem Argument, daß die gleichen Erfahrungen bei einem Unglück stattfinden können, wo von einem Sauerstoffmangel nicht gesprochen werden kann. Wir fügen hinzu: auch bei Sterbenden und Visionären besteht kein Mangel an Sauerstoff; übrigens kann man bei letzteren nicht von einem »Rest biologischer Funktionen« reden.

Andere haben sich auf den Versuch konzentriert, das Phänomen des Lebenspanoramas zu erklären. Der Biologe Lyall Watson zitiert einen Psychiater, der der Meinung ist, daß sich ein Mensch emotionell dem Tod widersetzt und seine letzte Lebensenergie aufwendet, um das wachzurufen, was in der Vergangenheit für ihn Wert hatte. Diese Theorie steht aber im Gegensatz zu der Untersuchung, die Frau Kübler Ross über den dem Sterben vorausgehenden Prozeß angestellt hat. Sie kam zu der Schlußfolgerung, daß nach einer Phase des Widerstands fast immer eine Resignation, ja eine Ergebung, eintritt. Außerdem enthält das Lebenspanorama auch unangenehme Dinge aus der Vergangenheit und ist eng mit der Begegnung der Lichtgestalt verbunden. Das berichtet Watsons Psychiater nicht. Ein anderer Psychiater meint, das Lebenspanorama hänge mit unangenehmen Lebenserfahrungen zusammen, und beschreibt die Bilder, die man sieht, als »Gedächtnis auf einem Bildschirm«. Dies stimmt mit den Aussagen jenes Mannes überein, der seine Erfahrungen mit dem Lebenspanorama nachher als »Gewissensvorstellungen« beschreibt. Dr. Weber, der Martensen-Larsens Buch neu herausgab, notiert bei dieser Beschreibung die Meinung Freuds, daß in der Todesangst die Zensur verschwindet, und dann Erinnerungen, die von einem schlechten Gewissen verdrängt wor-

den sind, nach oben kommen können: die Stimme des Ge-
wissens kann nun sprechen. Aber jetzt müssen wir auch
auf das Gegenteil verweisen, daß nämlich beim Lebenspanorama auch Geschehnisse geschaut werden, die ganz
und gar nicht unangenehm waren. Auch spielt bei vielen,
so wie wir von Kübler Ross bereits hörten, die Todesangst
keine bedeutende Rolle mehr.

Hampe zitiert die Meinung einiger Ärzte, daß in der
Todesangst die Drüsen Hormone ausscheiden, deren Wirkung der Wirkung betäubender Mittel ähnelt. Das erklärt
aber nicht die Begegnung mit der Lichtgestalt und das
Gespräch mit ihr.

Moody weist auf eine andere psychologische Erklärungs-
möglichkeit hin. Er erinnert an die Untersuchungen, die die
Verhaltenspsychologie nach Isolationserfahrungen angestellt hat. Wenn man einen Menschen isoliert, ist es möglich, daß er halluziniert, Geister sieht, ein Lebenspanorama
erblickt, sich eins mit der Schöpfung fühlt. Sterbende sind
oft auch isolierte Menschen; Sterben bringt Isolation mit
sich. Auch isolierte Menschen sehen oft die Gesichter verstorbener Verwandter und Freunde auftauchen. Moody
selbst verwirft diesen Erklärungsversuch. Die Isolations-
erscheinungen selbst sind unerklärbar, und man kann das
eine Unerklärliche nicht mit dem anderen Unerklärlichen
erklären. Außerdem kann Isolation auch positive Folgen
haben; Mönche und Einsiedler suchen die Einsamkeit auf,
um Erleuchtung und Offenbarungen zu empfangen.

Die angedeuteten Theorien scheinen also nicht ausreichend
zu sein, um die Erfahrungen vom Tode Zurückgekehrter
zu erklären. Dies um so mehr, als sie nicht damit rechnen,
daß auch Sterbende und Visionäre ähnliche Erfahrungen
hatten.

G. Vorläufige Schlußfolgerungen

1. Aus Vorstehendem wird deutlich, daß wir von der medizinischen und biologischen Wissenschaft keine definitiven Aussagen für oder gegen ein Fortleben nach dem Tod erwarten können und dürfen. Man kann Argumente für oder gegen die Richtigkeit der Erfahrungen Sterbender, Verstorbener und Visionärer anführen; absolute Beweiskraft haben sie nicht. Zwar hat die wissenschaftliche Untersuchung festgestellt, daß die Ausstrahlung des Menschen, die durch die Kirlianfotografie sichtbar gemacht werden kann, nach dem Tode langsam verschwindet, und daß Verstorbene einen leichten Gewichtsverlust aufweisen (Duncan McDoubal: 68,85 Gramm, Dr. Zaalberg: 69,5 Gramm). Daraus ist aber nicht zu schließen, dieses sei das Gewicht der menschlichen Seele oder des menschlichen Geistes, die oder der beim Tod den Körper verlassen hat.

Wir geben die Schlußfolgerungen wieder, zu denen drei Forscher gekommen sind. Der Biologe Lyall Watson: »Wir haben keinen absoluten Beweis für die Annahme, daß ein Energiekörper oder eine Persönlichkeit bei Abwesenheit eines körperlichen Gegenstücks überlebt. Es ist aber wichtig festzustellen, daß es möglich ist. Es ist sehr schwierig zu verneinen, daß ein jeder Mensch ein verborgenes zweites System mit sich trägt, das unser somatisches System ergänzt ... Es ist also für ein Individuum möglich, in der einen oder anderen Form wenigstens für eine kurze Zeit den Tod zu überleben. Das allgemeine Vorkommen und die übereinstimmenden Erfahrungen außerhalb des Körpers lassen annehmen, daß eine Scheidung in Raum und Zeit möglich sein könnte. Es gibt nichts in der Biologie, das diese Möglichkeit verneint und vieles, das einfach und logisch erklärt werden kann durch das Bestehen eines vom Körper ziemlich unabhängigen Systems.«

Der Gehirnspezialist Sir John Eccles: »Ich kann nicht

glauben, daß die Gabe des bewußten Erfahrens keine weitere Zukunft hat, keine Möglichkeit eines Fortbestehens unter anderen, nicht greifbaren Umständen. Jedenfalls bleibe ich dabei, daß die Möglichkeit eines künftigen Weiterbestehens aus wissenschaftlichen Gründen nicht verworfen werden kann.«

David Winter, der Eccles zitiert, ist überzeugt, daß »sehr viel geistiges Leid des modernen Menschen die Folge bewußter Vernachlässigung ist, über den Tod nachzudenken«.

Schließlich die Psychologin Elisabeth Kübler-Ross in ihrem Vorwort zum Buch von Moody: »Es ist offenkundig, daß der sterbende Patient ein bewußtes Wahrnehmen seiner Umgebung behält, nachdem er für klinisch tot erklärt ist.« Hampe gebraucht das Bild vom Musikinstrument und dem Musiker. Beide sind nötig, um Musik zu machen. Beim Sterben verläßt der Musiker sein Instrument, den Körper, der leblos zurückbleibt. Der Musiker selbst aber bleibt leben.

2. Eine psychologische Untersuchung von Menschen, die auf ihrem Sterbebett, im Koma, im klinischen Tod oder in Visionen »über die Todesgrenze« hinaus geschaut haben, könnte wichtige Aufschlüsse geben. Soweit sie uns näher bekannt sind, scheinen es ausgeglichene Menschen zu sein oder gewesen zu sein. Frau Sandberg schreibt z. B., daß sie in ihrem Buch nur Erfahrungen von Menschen aufgenommen hat, die sie persönlich als gläubige Christen kannte.

3. Die Erfahrungen, die wir wiedergegeben haben, weisen darauf hin, daß zwei alte Vorstellungen über den Tod unhaltbar zu sein scheinen. Man kann den Tod weder mit einem Seelenschlaf noch mit einem Zustand der Vergessenheit vergleichen, wie z. B. der Philosoph Schopenhauer meinte, der den Tod »als die große Chance, sein Ich zu verlieren« sah. Moody weist darauf hin, daß beide Vor-

105

stellungen mit dem bewußten Erfahren unangenehmer und schöner Dinge unvereinbar seien.

4. Die Aussagen aus dem Munde Sterbender, vom Koma oder dem Tode Zurückgekehrter und Visionärer weisen alle in dieselbe Richtung. Ihre Erfahrungen stammen aus verschiedenen Zeiten und Kulturen. In Anbetracht der großen Anzahl von Zeugnissen scheint es leichter, an die Realität eines Lebens nach dem Tod zu glauben, als ein Weiterleben zu bezweifeln oder zu leugnen. Wir sind mit David Winter einig, wenn er sagt: »Wenn viele vernünftige und ausgeglichene Menschen während einer längeren Zeit und unter praktisch denselben Umständen von fast gleichen Erfahrungen erzählen, muß man diesen doch einigen Wert beimessen.« In einem Interview mit der »Chicago Tribune« drückt Frau Kübler-Ross sich so aus: »Aufgrund der Erfahrungen mit Hunderten von Sterbenden und Erfahrungen derjenigen, die, nachdem sie offiziell für tot erklärt waren, wieder ins Leben zurückkamen und erzählten, was sie in der Zwischenzeit erlebt hatten, weiß ich, daß es ein Leben nach diesem Leben gibt.«

5. Bereits 1970 richtete Dr. Teunissen die Aufmerksamkeit auf die Gefahr, die mit diesen Erfahrungen verbunden ist. Man kann darin schwelgen, man kann sich in den Gedanken an den Tod verlieben. Man fällt dann von einem Extrem, dem Verdrängen jeglichen Gedankens an den Tod, in das andere, sowie das übrigens auch in der Haltung vieler Menschen der Sexualität gegenüber geschieht. Aber, sagt Dr. Teunissen zu Recht, diese Erfahrungen können uns auch helfen, uns mit dem Gedanken an den Tod vertrauter zu machen.

6. Wenn diesen Erfahrungen Wahrheits- und Wirklichkeitsgehalt zukommt, dann müssen sie sich noch tiefer auf unser Leben auswirken. Es rückt dann in die Perspektive der Ewigkeit. So wie unsere Geburt der Eintritt ins irdische Dasein ist, so eröffnet uns das Sterben den Zugang

zum ewigen Leben. Aus den berichteten Erfahrungen wird deutlich, daß dieses Leben zwei Seiten hat: Licht und Dunkel, Heil und Unheil. Den Entschluß, welche Richtung wir einschlagen, fällen wir während unseres Lebens auf Erden selbst.

5. PRÜFUNG IM LICHTE DER BIBEL[1]

A. Die Bibel über den Tod

Überall und zu allen Zeiten glaubten die Menschen an ein Weiterleben nach dem Tod. Einige Autoren, die über dieses Thema schreiben, versuchen Parallelen mit Erfahrungen zu ziehen, die im ägyptischen oder tibetanischen Totenbuch erwähnt sind oder mit parapsychologischen Forschungsergebnissen. Wir wollen in unserem Schlußkapitel einen anderen Weg gehen. Für einen Christen kann die Frage nach Wert und Wahrheit von Sterbenserfahrungen und Visionen nur definitiv beantwortet werden, wenn wir diese an den Aussagen der Bibel messen. Wir vergleichen daher das in den ersten drei Kapiteln zusammengetragene Material mit der biblischen Botschaft. Für Nicht-Christen bedeutet das vielleicht nur, daß heutige Erfahrungen neben Erfahrungen gestellt werden, denen man in anderen Zeiten und Kulturen gehuldigt hat. Für Christen haben die biblischen Zeugnisse einen höheren Wert: sie sind für sie nor-

---

[1] Für die Bibelzitate ist für das Alte Testament die Übersetzung von Hamp und Stenzel (Pattloch), für das Neue Testament die Einheitsübersetzung benutzt worden.

mativ, weil sie auf maßgebliche Weise Begegnungen von Menschen mit Gott wiedergeben und darum einen Offenbarungswert besitzen. Erfahrungen Sterbender, Zurückgekehrter und Visionärer können nur dann akzeptiert werden, wenn sie mit dem biblischen Zeugnis übereinstimmen, jedenfalls nicht im Widerspruch dazu stehen.

Vom biblischen Zeugnis ausgehend müssen zunächst drei Gedankengänge zurückgewiesen werden. Erstens, daß auf dem okkulten Weg Angaben über das Jenseits gesucht werden dürfen; denn die Bibel verbietet und verwirft jeglichen Okkultismus. Zweitens, daß die Seele in wechselnden Reinkarnationen immer wieder auf die Erde zurückkehrt. Für diese hinduistischen und buddhistischen Gedankengänge ist in der Bibel kein Platz; im übrigen stimmen sie auch nicht mit den Angaben aus den ersten Kapiteln überein. Und drittens, daß die Seele das Gute, das Göttliche, das Unsterbliche im Menschen ist, das sich — wie Platon meint — während des Lebens in unserem schlechten Körper wie in einem Kerker oder Käfig befindet. Die Bibel sieht unseren Leib als ein Zelt oder einen Tempel und Leib und Seele als Gottes Schöpfung an.

Wenn wir vom biblischen Zeugnis sprechen, meinen wir vor allem das Neue Testament. Der größte Teil des Alten Testaments, das die jüdischen Glaubensvorstellungen bis zur babylonischen Gefangenschaft des Volkes Israel umfaßt (6. Jahrhundert v. Chr.), kennt für die Verstorbenen nur einen schemenhaften Verbleib in der Unterwelt, den Scheol, das »Land des Vergessens« (Ps 88,13), ein licht- und freudloser Ort, in dem jegliche geistige Aktivität fehlt. Der deutsche Theologe Jüngel nennt den Scheol ein »Wachsfigurenkabinett«. In einem Hirtenbrief »Leven en sterven met verwachting« (Leben und Sterben mit Erwartung), sagt die Synode der Niederländischen Reformierten Kirche: »Die Zukunft, nach der die alttestamentlichen Gläubigen ausschauten, war in erster Linie die Zukunft des

Volkes. Sie starben in dem Vertrauen, daß Gott einst sein Ziel mit ihm erreichen würde.«

In den späteren Jahrhunderten vertieft sich dann die Heilserwartung. Auch im Leben des *einzelnen* wird Gott ans Ziel kommen. Der Dichter des Psalms 73,24 spricht die Überzeugung aus, daß Gott ihn hernach in Ehren aufnehmen wird und Kohelet 12,7 stellt im Anschluß an 1 Mos 2,7 und 3,19 fest, daß der Staub, der Körper zur Erde und der Geist zu Gott zurückkehrt, der ihn geschenkt hat. Erst später kommt der Gedanke an eine Auferstehung auf: »Viele von denen, die im Land des Staubes schlafen, werden erwachen.« Dabei findet eine Scheidung statt: »die einen zu ewigem Leben, zur Schmach und zu ewigem Abscheu die anderen.« Im ewigen Leben gibt es eine Ausstrahlung: »die es erhalten, werden glänzen wie das leuchtende Himmelsgewölbe« (Dan 12,2f). Diese Gedanken werden von der sadduzäischen Richtung im Judentum verworfen. Jesus aber legitimiert sie: »die Engel werden aus seinem Reich alle zusammenholen, die andere verführt und Gottes Gesetze übertreten haben und werden sie in den Ofen werfen, in dem das Feuer brennt ... Dann werden die Gerechten im Reich ihres Vaters wie die Sonne leuchten« (Mt 13,41 ff).

Im Neuen Testament dagegen nimmt der Gedanke an eine Auferstehung von den Toten und an das Jüngste Gericht bei der Wiederkunft Christi zur Vollendung der Welt einen viel größeren Raum ein. Man könnte die große kosmische Eschatologie (Lehre von den letzten Dingen) von der kleinen, persönlichen Eschatologie unterscheiden. Die erste umfaßt die Erde und die Menschheit, die zweite bezieht sich auf den einzelnen Menschen. In der ersten geht es um die Vollendung des Reiches Gottes, in der zweiten um das Schicksal, das den Menschen nach seinem Tode erwartet. Die große Eschatologie umfaßt somit die kleine. Während sich viele zumeist nur mit der Frage beschäftigen, ob es ein Leben nach dem Tod gibt, erwartet der Christ an erster Stelle eine neue Erde, auf der Gerechtigkeit herrscht. Er verlangt nach dem Augenblick, in dem die Stadt Gottes, das neue Jerusalem, vom Himmel herabkommt. Damit verglichen ist, wie Emil Brunner es sagt, die Frage, was nach dem Tode geschieht, eine sekundäre Frage.

Es ist gut, diesen Unterschied klar festzuhalten. Die Erfahrungen Verstorbener, Zurückgekehrter und Visionärer beziehen sich fast ausschließlich auf die kleine Eschatologie: Biblisch gesehen gibt es aber einen Unterschied zwischen der Situation, in der wir uns nach unserem Tod befinden werden, und derjenigen, die uns nach dem definitiven Urteil erwarten wird, und worüber Texte wie 2 Kor 5,10 und Hebr 9,27 sprechen. Einige aus dem Tod Zurückgekehrte sprechen von einem geistlichen Körper, den sie gehabt haben. Die Bibel gebraucht diesen Ausdruck aber für die Gestalt, die wir nach der Wiederkunft Christi empfangen werden und die dem Auferstehungsleib Jesu ähneln wird (2 Kor 5,4 und 1 Kor 15,42—44). Andere sprechen von einem Besuch in der Hölle und ihrem Aufenthalt dort. Diese Ausdrucksweise ist aber nicht ganz richtig; denn die Hölle wird erst nach dem »Letzten Gericht« geöffnet werden (Mt 25,41).

Die Toten, die dann auferweckt werden, leben jedoch jetzt schon. Gott ist der Gott Abrahams, Isaaks und Jakobs. Er ist nicht ein Gott von Toten, sondern von Lebenden (Mk 12,26). »Denn für ihn sind alle lebendig«, fügt Lukas hinzu (Lk 20,38). Oft spricht das Neue Testament über »du«, der du heute noch mit mir im Paradies sein wirst (Lk 23,43), über »ich« (Phil 1,23) oder »wir« (2 Kor 5,1—10). Dann wieder wird das Wort »Seelen« (z. B. Mt 10,25; Offb 6,9) oder »Geister« (Hebr 12,23) gebraucht. Mit dem Tod ist offenkundig nicht alles aus; denn, »ob wir leben oder ob wir sterben, wir gehören dem Herrn« (Röm 14,8), und Sterben ist darum für den Gläubigen

Gewinn (Phil 1,21). Der Tod kann uns nicht von der Liebe Gottes, die in Christus Jesus ist, trennen (Röm 8,38). Ob unser zukünftiger Verbleib nun in jüdischer Ausdrucksweise »Abrahams Schoß« (Lk 16,22) oder »Paradies« (Lk 23,43) genannt wird, oder ob es heißt »das Haus des Vaters, wo es viele Wohnungen gibt« (Joh 14,2), »daheim beim Herrn sein« (2 Kor 5,8), »bei Christus sein« (Phil 1,23) —, der Gläubige kann sich einer frohen Zukunft erfreuen. Sicher, der Körper stirbt und ist ohne den Geist tot (Jak 2,26), aber wir dürfen beim Sterben unseren Geist in Gottes oder in Jesu Hände geben (Lk 23,46, Apg 7,59). So wird deutlich, daß mit unserem letzten Atemzug die Geschichte Gottes mit uns Menschen nicht zu Ende ist. »Wo er oder mit wem Gott redet, sei es im Zorn oder in der Gnade, der ist gewißlich unsterblich« ... Wir sind »solche Kreaturen, mit denen Gott bis in Ewigkeit und in unsterblicher Weise reden will«, hat Luther einst gesagt. Die Unsterblichkeit des Menschen, an der Luther nicht zweifelt, ist keine Eigenschaft der menschlichen Natur, sondern eine Frucht davon, daß wir nach Gottes Bild geschaffen sind und seinen Lebensatem erhalten haben (1 Mos 1,26 und 2,7). Das Ebenbild Gottes kann nicht vom Tod angetastet werden. Nicht das Fortleben unserer Seele nach dem Tode, sondern daß Jesus, das vollständige Ebenbild Gottes, gekommen ist, um uns nach Gottes Ebenbild neu zu gestalten, ist für uns der Mittelpunkt. »Das Wort des Anfangs, das uns schuf, kommt in Jesus Christus wieder zu uns ... als göttliche Möglichkeit der restitutio imaginis« (der Wiederherstellung des Ebenbildes Gottes), sagt Brunner. Darum ist der Glaube an Ihn unentbehrlich. »Wer an mich glaubt, wird leben, auch wenn er stirbt«, sagt Jesus (Joh 11,25 f). Das bedeutet nicht, daß der Tod idealisiert wird; er ist auch »Lohn« für unsere Sünden, für unsere Rebellion gegen Gott. Er steht aber im Licht des Kreuzes und der Auferstehung Jesu. Das Ende des menschlichen

Lebens ist also nicht das Ende seiner Beziehung zu Gott. »Die Auferstehung Jesu sagt uns, daß der Tod nicht Gottes Endpunkt mit unserem Leben ist. Das eben erst begonnene Bündnis mit Gott wird durch den Tod hindurch zur Reinigung, Entfaltung und Vollendung gebracht«, sagt die Synode der Niederländisch Reformierten Kirche. Oder, um nochmals Brunner zu zitieren: »Das biologische Faktum Tod, das Erlöschen des Lebens, ist nur Hülle oder Gefäß, zugleich Symptom und Wirkung einer ganz anderen menschlichen und menschheitlichen Wirklichkeit. Die Todesursache, die der Arzt feststellt, ist nicht meine wirkliche Todesursache. Ich sterbe nicht an dieser oder jener Krankheit, ebensowenig wie ich, diese Person, die ›Ich selbst‹ heißt, von Eiweiß, Kohlehydraten, Vitaminen usw. lebe. Die verantwortliche Person Ich lebt aus dem schöpferischen Wort Gottes. So sterbe ich auch an Gott, wann, weil und wie Er es will. Was der Arzt konstatiert, ist nur die Schale des Todes. Der Kern des Todes ist im Geheimnis Gottes verborgen. Darum kann auch über das Sterben unter dem Titel ›Leben‹ gesprochen werden. Glauben ist: mit Christus sterben und auferstehen. Wer an Christus glaubt, hat im gewissen Sinne den Tod bereits hinter sich und das Leben in und vor sich.«

Wer ohne Christus und gegen Gott, nur für sich und selbstbezogen gelebt hat, hat selbst die Weichen für die Zukunft gestellt. Er entscheidet sich, auch die Ewigkeit ohne Christus und Gott zu verbringen. Immer wieder aber werden wir aufgefordert, anders zu wählen. Das Material der ersten drei Kapitel betont ausdrücklich, wie wichtig es ist, diese Einladung anzunehmen; denn jeder, der an Christus glaubt, hat das ewige Leben und wird leben und auf ewig nicht sterben (Joh 3,36; 6,47; 11,25).

B. Die Bibel und das Schauen Verstorbener, Engel und Jesu

In den ersten drei Kapiteln haben wir gesehen, daß Sterbende, Verstorbene, Menschen im Koma und Visionäre immer wieder Begegnungen mit Verstorbenen, Engeln und Jesus selbst gehabt haben. Kennt auch die Bibel derartige Begegnungen?

Die Bibel schweigt beinahe vollkommen über Begegnungen mit Verstorbenen. Sie, die aus dem Tode zurückgekehrt sind, nachdem sie von Jesus oder einem der Apostel auferweckt sind, sprechen nicht über ihre Erfahrungen. Wohl berichtet der Petrusbrief, daß Jesus den Geistern im Totenreich gepredigt hat und werden diese Geister mit Menschen identifiziert, die in der Sintflut umgekommen sind (1 Petr 3,19 und 4,6). Aber hier geht es um ein einmaliges Ereignis, das nicht als allgemeines Geschehen angesehen werden darf. Möglicherweise spielt Jesus in seinem Gleichnis vom treulosen Verwalter auf eine Begegnung in der Ewigkeit an, wenn er sagt, daß wir uns Freunde machen sollen, damit sie uns helfen, in die ewigen Wohnungen aufgenommen zu werden (Lk 16,9). Deutlicher ist Jesu Wort an den neben ihm gekreuzigten Verbrecher. Wenn Jesus ihm zusagt, »heute noch wirst du mit mir im Paradies sein« (Lk 23,43), impliziert dies »mit mir« doch wohl eine Begegnung. Eine solche Begegnung mit Jesus bedeutet aber noch nicht, daß wir im allgemeinen Verstorbenen begegnen werden. Eher denken wir darum an das Gleichnis vom reichen Mann und dem armen Lazarus (Lk 16,19–31). Jesus sagt, daß Lazarus bei Abraham ist, und daß der reiche Mann den vor ihm gestorbenen Lazarus dort entdeckt und erkennt. Wir geben zu, daß es gefährlich ist, aus Gleichnissen derart weitreichende Schlüsse zu ziehen, weil sie meistens eine sehr bestimmte Pointe enthalten und nicht jedem Zug eine gleich große Bedeutung beizumessen ist. Aber hätte Jesus diesen Zug hinzugefügt, wenn er im

Widerspruch zur Realität des Lebens nach dem Tode stände? In diesem Gleichnis ist nicht nur die Rede vom Sehen, sondern auch von einer weiteren Kommunikation: der reiche Mann richtet das Wort an Abraham, auch wenn dieser sich in der Herrlichkeit befindet. Jesus bestätigt hier Gedanken, die in seiner Zeit lebten. Die Stadt Gottes ist voller Bürger, Erstgeborener, Geister der schon vollendeten Gerechten (Hebr 12,23, vgl. 2 Mos 4,22: Israel als Erstgeborener). Im apokryphen Buch Henoch sagt der Seher, daß er diesen begegnet ist: »Meine Augen sahen ihre Wohnungen mit ihren gerechten Engeln« (Hen 39,5). Jesus selbst schildert die himmlische Gemeinschaft als ein Festmahl, als ein Zu-Tisch-Sitzen mit Abraham, Isaak und Jakob (Mt 8,11), was ebenfalls ein gegenseitiges Erkennen beinhaltet. Das Alte Testament spielt darauf an, daß es ein derartiges Erkennen auch in den finsteren Gebieten des Totenreiches geben wird (Jes 14,19; Ez 32,21). Paulus spricht über ein gegenseitiges Erkennen bei Christi Wiederkunft: wenn Jesus ihn auferweckt, wird er diejenigen, die er zum Glauben brachte, antreffen (2 Kor 4,14, 1 Thess 2,19).

So kann man von einer Begegnung und einem Wiedererkennen sprechen. Wenn der Mensch nach Gottes Ebenbild geschaffen ist, bedeutet das auch, daß der Mensch zur Gemeinschaft, für gegenseitige Beziehungen geschaffen ist (1 Mos 1,27). Begegnung, Wiedererkennen und Gemeinschaft gehören zu Gottes Schöpfung. Nach dem Tode wird das Bild Gottes nicht vernichtet. Zwar ist dort die Begegnung mit dem Herrn, das »Sein mit Christus« primär, aber auch die Gemeinschaft der Heiligen, an die die Kirche glaubt, reicht über den Tod hinaus. Darum ist es nicht undenkbar, daß Verstorbene, Verwandte von der Grenze des Todes abholen. Daß sie von uns wissen, wird vom Verfasser des Hebräerbriefes angedeutet, wenn er von der »Wolke von Zeugen« spricht, die uns umgibt (Hebr 12,1).

Zwar geht es hier in erster Linie um Glaubenszeugen (Hebr 11,39), aber das »uns umgeben« deutet doch wohl darauf hin, daß diese Zeugen als Augenzeugen in unserer Nähe sind. Daß »bei der Auferstehung« das exklusive Ehe- und Familienband wegfallen wird (Mt 22,23—33), braucht nicht zu bedeuten, daß jegliches Band zwischen Menschen, die auf Erden miteinander verbunden waren, wegfällt. So wie die Engel im Himmel im Dienst und im Lob Gottes miteinander verbunden sind, so werden es auch die Menschen sein (Mt 22,30).

Diese Möglichkeit des Wiedersehens und Wiedererkennens Verstorbener muß deutlich vom Spiritismus, in dem Lebende Kontakt mit Verstorbenen suchen, abgegrenzt werden. Der Spiritismus ist für die Bibel verbotenes Gebiet. Ein Mann wie Sadhu Sundar Singh distanziert sich bewußt davon. Er ist kein Trance-Medium. Ungesucht, während er im Gebet — das ist in Gemeinschaft mit Christus — ist, sieht er die beschriebenen Dinge. Auch wenn er in diesen Visionen Verstorbene sieht, Christus steht für ihn im Mittelpunkt. Seiner Meinung nach empfängt der Spiritismus sein Wissen von finsteren Geistern.

Viel deutlicher als über Verstorbene spricht die Bibel von Engeln. In 17 Büchern des Alten Testaments und in 17 des Neuen Testaments wird ungefähr sechshundertmal über ihre Tätigkeit gesprochen. Es wird des öfteren berichtet, daß sie nicht nur den Himmel bewohnen, sondern auch hier auf Erden Aufgaben erfüllen. Durch Jesus selbst wird bezeugt, daß eine dieser Aufgaben das Abholen gläubig Verstorbener ist. In Lk 16,22 wird, anders als der reiche Mann, der arme Lazarus von Engeln in Abrahams Schoß getragen. Vom reichen Mann wird zwar nicht gesagt, daß es böse Geister sind, die ihn zum Totenreich bringen, aber die Qualen, die er leidet, können darauf hindeuten, daß es Peiniger gibt.

Viele sind, wie wir hörten, einer Lichtgestalt begegnet.

116

Christen haben diese mit Jesus identifiziert. Andere sind Jesus in der Lichtstadt begegnet. In der Bibel wird Jesus oft mit dem Licht verglichen (Joh 1,9; Apg 9,3; vgl. Jes 9,1). Er selbst nennt sich »das Licht der Welt« (Joh 12, 35). Viele Gläubige im Neuen Testament erwarten nach ihrem Tod, Jesus zu begegnen. Paulus verlangt »daheim beim Herrn« und »bei Christus« zu sein (2 Kor 5,8; Phil 1,23). Johannes verspricht, daß wir Jesus sehen werden, wie Er ist (1 Joh 3,2). Stephanus darf kurz vor seiner Steinigung Gottes Herrlichkeit in einer Vision sehen und »Jesus zur Rechten Gottes stehen« (Apg 7,55).

C. Die Bibel und die Lichtstadt

In den ersten drei Kapiteln sind wir immer wieder auf die Beschreibung einer Lichtstadt gestoßen. Über eine solche Stadt wird auch in der Bibel gesprochen. Jesus selbst spricht über das Haus seines Vaters, in dem es viele Wohnungen gibt (Joh 14,2) und er betet, daß seine Jünger dort bei ihm sein werden, damit sie seine Herrlichkeit sehen (Joh 17,24). Paulus spielt darauf an, daß er in einer Vision in einer außerirdischen Dimension gewesen ist, die er den »dritten Himmel« oder das »Paradies« nennt (2 Kor 12, 2—4). Offensichtlich spricht er über dieselbe Dimension, die im populären jüdischen Sprachgebrauch auch »Abrahams Schoß« genannt wurde. Wie das gesamte Altertum unterschieden die Juden drei Himmel: der Wolkenhimmel, der Sternenhimmel und »der höchste Himmel« (Eph 4,10), Gottes Wohnsitz. Das Paradies oder Abrahams Schoß wurde als Wohnort der verstorbenen Gerechten betrachtet. »Die Stadt auf dem Berg«, das neue Jerusalem wird mit den Stätten der Geister der Gerechten in Hebr 12,23 identifiziert.

Dort, wo das Wort Paradies gebraucht wird (vgl. Lk 23, 43), denken wir an einen Park, einen Lustgarten. In den ersten Kapiteln haben wir gesehen, daß viele eine überirdische Natur mit Parks und Gärten gesehen haben. Im himmlischen Paradies, so sagt Jesus in einer Vision zu Johannes, steht der Baum des Lebens (Offb 2,7). In den späteren Visionen des Johannes kehren auch andere Züge des Paradiesesgedankens wieder. Der himmlische Hof ist eine Art Urbild des Gartens von Eden aus dem Anfang der Schöpfungsgeschichte: dort gibt es einen Strom mit Lebenswasser, Lebensbäume, die stets Früchte tragen. Die Ähnlichkeit zwischen dem, was Johannes gesehen hat, und was andere Menschen später geschaut haben, ist so groß, daß Agnes Sanford bemerkt: »Johannes muß auch dort gewesen sein.« Johannes spricht aber nicht über Vögel und Blumen, worüber wir im Vorhergehenden gehört haben.

Immer wieder wird auch eine andere Parallele gezogen: von der himmlischen Stadt zum irdischen Jerusalem, dem himmlischen und dem irdischen Berg Sion (Hebr 11,10 und 12,22; Gal 4,25 ff; Offb 14,1). So wie viele diese Stadt als glänzend wie von Gold beschrieben haben, schildert sie auch Johannes (Offb 21,2,10,18). Auch er sah die große Mauer mit den Grundsteinen, geschmückt mit edlen Steinen (Vs 19), und die aus Perlen gemachten Tore (Vs 21), die goldene Straße (Vs 21), die viereckige Form (Vs 16). Weil in dieser Lichtstadt der Wille Gottes vollkommen geschieht, kann sie mit dem Königreich Gottes oder dem Himmelreich (Mt 8,11) verglichen werden. Das Herabkommen dieser Stadt (Offb 21,2) ist ein Bild für das Kommen, den Durchbruch des Reiches Gottes auf Erden.

Wir haben gehört, daß manche den Eindruck hatten, nach dem Verlassen des Körpers in nördliche Richtung zu gehen (B. 59d, 78a). Das Alte Testament spricht die Annahme aus, daß Gottes Wohnsitz im Norden gesucht werden muß (Jes 14,13; Ez 1,4). Wichtiger als diese Richtungsandeutung ist jedoch, daß Menschen den Wohnsitz ihres himmlischen Vaters (Hebr 11,16) betreten dürfen, um dort zu sein, wo Er ist. Wenn manche über die weißen Gewänder sprechen, in die man dort gekleidet ist, so finden wir das auch in einem Wort Jesu an Johannes (Offb 3,5).

In dieser himmlischen Herrlichkeit, so erzählen vor allem aus dem Koma und dem klinischen Tod Zurückgekehrte, aber auch Visionäre, ist nicht einer dem anderen gleich, sondern findet ein weiteres Wachstum statt. Stimmt diese Beobachtung mit der biblischen Aussage überein? In die Theologie der meisten Kirchen hat dieser Gedanke keinen Eingang gefunden; unbiblisch ist er aber nicht. Wir werden zwar darin einander gleich sein, daß wir Jesus sehen dürfen wie Er ist (1 Joh 3,2), Jesus selbst spricht aber über Menschen, die im Reiche Gottes die Kleinsten sein werden, obwohl größer als Johannes der Täufer (Mt 11, 11) und Paulus weist darauf hin, daß das Material, mit dem wir unser Leben auf das Fundament Jesu Christi bauen, für später von Bedeutung ist. War das Material schlecht, so werden wir zwar »so wie durch Feuer hindurch« gerettet werden (1 Kor 3,12—15). Besondere Verheißungen gibt es für die, die ausharren und den guten Streit kämpfen und Jesus nachfolgen: einen Kranz oder eine Krone, als Könige mit Jesus herrschen (1 Kor 9,25; 2 Tim 2,5 und 4,8; 1 Petr 5,4; Offb 2,20; Mt 19,29 und 2 Tim 2,12). Auch in Offb 2 und 3 werden den Siegern besondere Segnungen versprochen.

Die Bibel kennt nicht nur den Gedanken an einen Lohn (Mt 6,4 und 18 ff; 10,42; 16,27; 19,21; Hebr 6,10 und 11,6; 2 Joh 2,8), sondern auch einen Unterschied in der Belohnung nach beendigter Arbeit (Lk 19,22—27; Mt 25, 14.30). »Viele aber, die jetzt die Ersten sind, werden dann die Letzten sein, und die Letzten werden die Ersten sein« (Mt 19,30). Jesus bestätigt, daß es in der Herrlichkeit Ehrenplätze gibt, aber er sagt, daß er diese nicht vergeben kann (Mt 20,23). Er verspricht jedoch, daß, je mehr man auf Erden um seinetwillen preisgegeben hat, um so mehr man später im ewigen Leben erhalten wird (Mt 19,29). Und Paulus sagt, daß jeder seinen besonderen Lohn empfangen wird, je nach der Mühe, die er aufgewendet hat (1 Kor 3,8).

Von dieser Perspektive aus ist deutlich, daß vor allem die reformatorische Theologie diesem Gedanken wenig Rechnung getragen hat und hier eine Korrektur benötigt. Zwischen Menschen, die dieselbe Herrlichkeit erlangen, wird es Abstufungen geben. Es gibt viele Wohnungen im Hause des Vaters, aber nicht alle sind gleich (vgl. 1 Kor 15,38 bis 41). So wie es zwischen den Engeln Abstufungen gibt (vgl. Erzengel, Cherubim usw.), wird es solche zwischen den verherrlichten Gerechten geben (vgl. Dan 12,3). Wenn in Gottes Schöpfung hier auf Erden Verschiedenheit besteht, ist zu erwarten, daß in Gottes Herrlichkeit Einheit und Verschiedenheit zu finden sind.

Wird man in dieser Herrlichkeit auch weiter wachsen können? Direkte biblische Aussagen scheint es hierfür nicht zu geben. Wenn wir jedoch annehmen, daß die eigentliche Vollendung, die schließliche Vollkommenheit, erst bei der großen Auferstehung stattfinden wird, so sagt W. W. Verhoef in seiner Einleitung zu der holländischen Ausgabe der Visionen von Sadhu Sundar Singh, dann dürfen wir annehmen, daß es auch nach dem Tode ein Wachstum gibt. Die irdische und die himmlische Kirche sind auf dem Wege zum Auferstehungstag. Verhoef spricht hier von »Heiligung«. Der Ausdruck scheint mir jedoch nicht ganz glücklich. Man könnte damit andeuten, daß es auch in der Herrlichkeit noch Sünde, Rebellion gegen Gott, geben wird. Mir scheint jedoch, daß es genügend Raum für Wachstum in Erkenntnis und Liebe gibt. Wenn Menschen auf Erden geistlich unmündig geblieben sind (1 Kor 3,1 ff; Hebr 5,12 f), so liegt der Gedanke nahe, daß sie dieses Wachs-

tum nach dem Tode nachholen können. Der Wachstums-
gedanke gehört wesentlich zu Gottes Plan mit den Menschen (Eph 4,13—15). In diese Richtung weist auch der bereits genannte Hirtenbrief der Niederländischen Reformierten Kirche: »Wir dürfen von einer ewigen Ruhe sprechen, von einem nie endenden Fest, *einer fortschreitenden
Entwicklung,* auch vom Wiedersehen geliebter Menschen,
vorausgesetzt, wir sind uns bewußt, daß wir uns das vollkommene Glück nur vorstellen können vom Standpunkt
des irdischen Glücks aus; aber auch, daß die absolute Zukunft keine Verlängerung des irdischen Lebens ist, sondern
die Verherrlichung Gottes, wenn Er alles in allem sein
wird.«

D. Die Bibel über die Finsternis

Aus den in den ersten Kapiteln angeführten Zeugnissen
konnten wir ersehen, daß sowohl Sterbende wie aus dem
Koma oder dem Tode Zurückgekehrte bzw. Visionäre voller Schrecken über einen Ort oder mehrere Orte der Finsternis sprachen. Man kann sich fragen, warum dies bei
klinisch Toten ziemlich selten vorkommt. Wagen es viele
nicht, über ihre negativen Erfahrungen zu sprechen? Oder
hat Dr. Rawlings recht, der feststellt, daß Menschen, direkt
nach ihrer Rückkehr in dieses Leben nach ihren Erfahrungen befragt, etwa gleichviel über Finsternis wie über Licht
berichten, während viele zwar im Laufe von Reanima-
tionsversuchen über eine Finsternis sprachen, dies aber nach
wenigen Stunden oder Tagen schon vergessen zu haben
scheinen. Rawlings schließt daraus, daß der Mensch nun
einmal gern unangenehme Erfahrungen aus seinem Bewußtsein verdrängt. Und David Winter verweist auf die
Volksfrömmigkeit, die »auf dem weitverbreiteten Gefühl

beruht, daß ein freundlicher Gott wie ein gutherziger Vater uns unsere Unvollkommenheiten nicht anrechnen und wohl alles in Ordnung bringen wird. Es kann nichts schiefgehen: wir alle kommen in den Himmel; niemand wird ausgeschlossen. Wir sprechen über die Toten nur Gutes und erwarten, daß Gott dasselbe tun wird. So wurde der allgemeine Gedanke über ein ›Leben nach dem Tod‹ fast vollkommen seines eigenen geistlichen Wertes beraubt. Eine Verurteilung wird beim Gedanken an das ›Jenseits‹ im allgemeinen ausgeschlossen.«

Wir brauchen nicht lange im Neuen Testament zu suchen, um zu sehen, daß dort ganz anders gedacht und gesprochen wird. Der Reiche bei Lk 16,23 geht nach seinem Tod ins Totenreich ein, und sein Zustand steht in krassem Gegensatz zu der Situation, in der sich der arme Lazarus befindet (Lk 16,23 f). Die Bibel warnt immer wieder vor diesem Ort: »breit ist der Weg, der ins Verderben führt« (Mt 7,13), und wer Jesu Worte hört, aber nicht befolgt, dessen Lebenshaus stürzt ein (Mt 7,26 f). Die Unrecht getan haben, gehen zu einem Ort, wo »Heulen und Zähneknirschen« sein wird (Lk 13,28). Auf Erden wählt man bereits seine künftige Wohnung (Joh 3,20 und 36). Paulus und Johannes umschreiben eindeutig, wem der Zugang zur Herrlichkeit versagt wird (Gal 5,19 ff, Offb 21,27 und 22,15).

Wir haben gesehen, daß viele über diese Finsternis als über »die Hölle« gesprochen haben. Wie bereits gesagt, ist dieser Sprachgebrauch, mitverursacht durch viele alte Übersetzungen des Wortes »Totenreich« mit »Hölle«, unrichtig. Über Hölle kann man erst nach dem Endurteil sprechen. Wir hörten Anna Katharina Emmerich das »Fegefeuer« beschreiben. Von ihrer Glaubenslehre her gesehen ist das Fegefeuer ein Zwischenzustand, in dem die Menschen den Rest ihrer Schuld abbezahlen müssen und gereinigt werden. Wir kennen jedoch dafür keine biblischen Andeutungen.

Darum sollte man lieber mit der Bibel von einem Totenreich als einem finstern Ort sprechen, wo ein großer Teil der Verstorbenen in Erwartung des Letzten Gerichts bei der Wiederkunft Christi sich aufhält.

Kennt dieses Totenreich, wie es vor allem Visionäre berichten, auch seine Grade? Wenn auch die biblischen Texte insbesondere auf das endgültige Urteil hinweisen, werden doch auch Abstufungen angedeutet: Manche werden es schwieriger als andere haben. Es wird Kafarnaum, Betsaida und Chorazin schlechter ergehen als Sodom, Tyrus und Sidon, die niemals mit der Kraft des Gottesreiches in Berührung gekommen sind (Mt 11,21—24). »Wem viel gegeben wurde, von dem wird viel zurückgefordert werden, und wem man viel anvertraut hat, von dem wird man um so mehr verlangen.« Manche werden viele, andere wenig Schläge empfangen; es ist also deutlich ein Unterschied im Strafmaß angedeutet (Lk 12,47 f; Hebr 10,29).

Manche Visionäre meinen gesehen zu haben, wie manche doch noch vom Totenreich, der Zwischenwelt aus ins Reich der Herrlichkeit übertreten durften. Wir zögern bei diesem Punkt. Werden die Ungerechten nicht aufbewahrt für die Strafe am Tage des Gerichts (2 Petr 2,9)? Gibt es keine vorübergehende Gefangenschaft, »bis die ganze Schuld bezahlt sein wird« (Mt 18,34)? Ist Jesus nicht herabgestiegen ins Totenreich, um seinen Sieg zu proklamieren und sich der Schlüssel des Totenreichs zu bemächtigen (1 Petr 3,19; Offb 1,18)? Fällt nicht erst beim Jüngsten Gericht die endgültige Entscheidung? Ist es undenkbar, daß vom Himmel aus eine Missionsarbeit im Reich der Toten geführt wird? Das letzte Wort dazu scheint in der Bibel nicht gesagt zu sein. Deshalb möchten wir darüber lieber schweigen; sonst kommen wir schnell in unhaltbare Spekulationen hinein.

E. Schlußwort

Wir sind am Ende unserer Untersuchung angelangt. Wissen wir nun alles? Was Paulus in seinem ersten Brief an die Korinther (13,9) bemerkt, gilt auch für uns: »Denn Stückwerk ist unser Erkennen.« Wir haben aber gesehen, daß die Erfahrungen Sterbender, aus dem Koma oder Tod Zurückgekehrter und Visionärer in vielen Punkten übereinstimmen: es gibt ein Leben nach dem Tod; dieses Leben fällt aber auseinander in Licht und Dunkel, in Herrlichkeit und Verderben. Außerdem haben wir gesehen, daß sich die Erfahrungen in diesem Punkt im allgemeinen innerhalb des Rahmens der biblischen Botschaft bewegen. Zwar sind die Erfahrungen von Menschen oft detaillierter als die biblischen Aussagen; das heißt aber noch nicht, daß sie zu ihnen im Widerspruch stehen. Umgekehrt kennt die biblische Botschaft eine noch viel größere Perspektive auf eine noch reichere Zukunft hin als die menschlichen Erfahrungen sie aufweisen.

Dabei wird deutlich, daß die vielen untersuchten Erfahrungen von Menschen niemals Gottes Offenbarung ersetzen können und dürfen. Die Heilsbotschaft des Evangeliums würde dann unzulässig reduziert. Wer Christus ist, was Er auf Erden getan hat, vor allem durch Kreuz, Auferstehung, Geistausgießung und die Verheißung seiner Wiederkunft, dafür sind wir auf das Neue Testament angewiesen. Zu unserer Überraschung stimmen aber die untersuchten Erfahrungen immer wieder mit der biblischen Botschaft überein. Und diese Erfahrungen haben, mehr als viele Predigten, das Leben vieler Menschen radikal verändert. Sie rufen zur inneren Erneuerung auf, sie sind ein Appell, das Leben in die Hände Jesu Christi, der Lichtgestalt, zu geben. Diese Erfahrungen machen uns also gegenüber dem irdischen Leben mit seinen Problemen und seiner Verantwortung nicht gleichgültig, im Gegenteil!

Was wir benötigen, ist nicht in erster Linie Sicherheit über ein Weiterleben nach dem Tode, sondern über unsere Erlösung. Wenn das Weiterleben neues Leiden in Finsternis bedeuten würde, was nützt es uns dann? Wer aber der Lichtgestalt den ersten Platz in seinem Leben eingeräumt hat, der braucht keine Angst mehr vor dem Tod zu haben. Für ihn ist das Sterben der Beginn neuen Lebens. Das geistig behinderte Kind, das am Grab eines Leidensgenossen ausrief: »Gute Reise und Grüße an Jesus«, hat das begriffen.

Selten ist das gleiche für mein Gefühl besser ausgedrückt als in dem kleinen Lied von Frankie Lane, das in den fünfziger Jahren gesungen wurde:

Mein Freund ist der König der Könige,
Und ist dennoch mein Freund; Er geht an meiner Seite.
Mein Freund regiert die Erde und die Sonne,
Und ist dennoch mein Freund; Er nimmt sich die Zeit,
mich zu leiten.
Mein Freund nimmt meine Hand, gerade dann, wenn
alles vergeblich scheint.
Er macht deutlich, daß Er sein wird,
In Freude und Schmerz: mein Freund!
Mein Freund sagt mir: das Leben ist ein Weg.
Und obwohl dieser Weg in einer Krümmung endet, sagt
mein Freund mir:
Dann gibt es einen Weg, weiter als dieser Weg, ohne
Ende.
Eines Tages, wenn ich den frohen Weg beschreite, der
hinter der Krümmung liegt,
Wer wird dort sein, um mich willkommen zu heißen?
Mein Freund!

Und dann erst werde ich durch und durch erkennen, so wie ich auch durch und durch erkannt worden bin (1 Kor 13, 12).

Literaturverzeichnis

G. C. Bevington, Remarkable Miracles, Plainfield 1973

E. Brunner, Das Ewige als Zukunft und Gegenwart, Zürich 1955

J. Buckingham, Into the Glory, Plainfield 1974

M. Davis, Scenes beyond the Grave, Dallas, 30. Aufl. o. J.

A. K. Emmerich, Visionen, Aschaffenburg 1970

M. Ford, On the other Side, Plainfield 1978

B. Graham, Engelen, Gods geheime Agenten, Zwolle o. J.

M. Green, I believe in the Holy Spirit, London 1975

J. C. Hampe, Sterben ist doch ganz anders, Stuttgart 1975

K. Heim, Was nach dem Tode auf uns wartet, Stuttgart 1979

W. Hendricksen, The Bible on the Life hereafter, Grand Rapids 1977

H. Henny, Was ich im Geiste sah und hörte, Frenkendorf o. J.

Ch. u. L. Huyssen, Visions of Jesus, Plainfield 1977

E. Jüngel, Tod, Stuttgart 1971

K. Koch, Gott unter den Zulus, Frankfurt 1977

G. Lindsay, Life after Death, Dallas 1971

H. Martensen-Larsen, An der Pforte des Todes, Hamburg 1955

R. Moody, Life after Life, New York 19. Aufl. 1977

R. Moody, Reflections on Life after Life, St. Simons Island 1977

J. Myers, Voices from the Edge of Eternity, Old Tappan 1968

E. Prange, The Gift is already Yours, Plainfield 1973

M. Rawlings, Beyond Death's Doors, Nashville 1978

A. Sandberg, Seeing the Invisible, Plainfield 1977

A. Sanford, Healing Gifts of the Spirit, Evesham 4. Aufl. 1976

A. Sanford, Creation Waits, Plainfield o. J.

Bas. Schlink, Hölle, Himmel, Wirklichkeiten, Darmstadt 1974

R. Springer, Within the Gates, Dallas 2. Aufl. 1976

Soendar Singh, Hij zag de Hemel, Hoenderloo 4. Aufl. 1975

Synode Ned, Herv. Kerk, Leven en Sterven met Verwachting, Den Haag 1972

M. Tari, Like a mighty Wind, London 1971

L. Watson, The Romeo Error, 1974

R. Wilkerson, Ins Jenseits und Zurück, Schorndorf 1979

D. Winter, Hierna, Hoornaar 1978

F. Zündel, Johann Christoph Blumhardt, Gießen 17. Aufl. 1962